MEDIEN

Yvonne Eisenkolb, geboren 1963 in Stolberg (Sachsen), studierte Kunstgeschichte, Archäologie und Volkskunde in Mainz. 2001 bis 2006 Lehraufträge für Design- und Mediengeschichte an der Fachhochschule Mainz.

MEDIEN

Yvonne Eisenkolb

Impressum

Umschlagvorderseite von links nach rechts und von oben nach unten:
Abgelegt: Bleisatz in einem Setzkasten (picture-alliance/KPA/Weiser) / Mobiltelefon
Siemens S 45 (picture-alliance/Photoshot) / CeBIT in Hannover, die weltgrößte Computer-
messe (picture-alliance/dpa) / Wieder gefragt: Langspielplatte aus Vinyl (picture-
alliance/dpa) / Plakat für den Apple iPod (ullstein – Ilona Studre) / Aktuell: Internationale
Tageszeitungen (picture-alliance/dpa)

Umschlagrückseite von links nach rechts:
Medium mit Zukunft: Das Logo der Internet-Suchmaschine Google auf einem Computer-
bildschirm (picture-alliance/dpa/dpaweb) / Medium mit Geschichte: das Buch (picture-
alliance/Okapia KG, Germany)

Frontispiz:
Alexander Graham Bell führt Versuche mit seinem verbesserten Telefon durch, 1876

Bibliographische Information der Deutschen Bibliothek:
Die Deutsche Bibliothek verzeichnet diese Publikation in der Deutschen Nationalbiblio-
graphie; detaillierte bibliographische Angaben sind im Internet über http://dnb.ddb.de
abrufbar.

Originalausgabe
© 2007 DuMont Literatur und Kunst Verlag, Köln
Alle Rechte vorbehalten
Druck: Rasch, Bramsche
Buchbinderische Verarbeitung: Bramscher Buchbinder Betriebe
Printed in Germany
ISBN 978-3-8321-7641-9

Inhalt

Inhalt

Einleitung

Die Geschichte der Medien ist so alt wie die Menschheit, auch wenn wir umgangssprachlich mit dem Begriff »Medien« die Massenmedien Buch, Zeitung, Zeitschrift, Hörfunk, Fernsehen und Internet verbinden. Medien dienen jedoch schon seit der Entwicklung von Sprache und Schrift der Informationsvermittlung, indem sie Botschaften übertragen, speichern und transportieren. Insofern ist Mediengeschichte Kulturgeschichte, denn alles Wissen und alle Informationen, die uns zur Verfügung stehen, sind medial vermittelt.

In diesem Zusammenhang entstand ein Medienbegriff, der weit ausgreift: neben alten und neuen Medien zählen die so genannten Menschmedien – Sänger, Schauspieler, Tänzer – dazu, ebenso wie Kunstwerke aus den Bereichen Malerei, Plastik und Architektur. Ordnet man jedoch künstlerischen Ausdruck und Werke, denen ein Gestaltungswille immanent ist, dem Medienbegriff unter, schreibt man Mediengeschichte als Kunst- und Theatergeschichte.

Im »Schnellkurs Medien« soll der Fokus auf den alten und den neuen Medien liegen. Die so genannten Menschmedien werden weitestgehend ausgeklammert, Wandmalereien, Reliefs und Grabbeigaben aus vor- und frühgeschichtlicher Zeit finden nur am Rande Erwähnung. Hier tritt bereits in der Frühzeit, stärker noch als bei den antiken Speichermedien Siegel und Münze, die Funktion der Informationsvermittlung hinter den Aspekt der künstlerischen Gestaltung zurück. Diese Tendenz verstärkt sich noch im Mittelalter, so dass dem Speichermedium als Kommunikationsmittel nur noch marginale Bedeutung zukommt.

In den Mittelpunkt der Betrachtung rückt in der Frühen Neuzeit die Entwicklung der so genannten Printmedien – vor allem Bücher, Zeitungen, Zeitschriften, Hefte und Kleindrucke – sowie die Entwicklung der Transportmedien, insbesondere des Postwesens. Im Zeitalter der Moderne stehen die Übertragungsmedien im Vordergrund, darunter optische Medien wie Telegrafie, Fotografie, Film, Fernsehen und Internet sowie akustische Medien: Telefonie, Fonografie und Hörfunk. Die Ausdifferenzierung der Medien und die Entwicklung von Massenmedien, die aus einem wachsenden Kommunikationsbedürfnis resultieren, werden im Hinblick auf die technischen Innovationen betrachtet, auf denen sie basieren.

Das vorliegende Buch fasst das gesammelte Wissen zur Geschichte der Medien von den Anfängen bis zur Gegenwart zusammen und stellt es, allgemein verständlich aufbereitet, in einer einfachen Überblicksdarstellung zur Verfügung. Als Einstiegshilfe in ein immer komplexer werdendes Thema zeigt es die wegweisenden Innovationen, die markanten Wendepunkte und die neuesten Entwicklungen auf und verweist exemplarisch auf Zusammenhänge, die für das Verständnis einer Epoche von Bedeutung sind.

Yvonne Eisenkolb

Der Begriff »Vorgeschichte« umfasst die Entwicklung der Menschheit vom Auftreten der ersten Steinwerkzeuge vor etwa 2,5 Millionen Jahren bis zu den ersten Schriftzeugnissen, die in der Zeit um 3500 vor Christus entstanden sind.

Die »Frühgeschichte« umfasst den Zeitraum von der Einführung der Schrift, etwa Mitte des 4. Jahrtausends vor Christus, bis zum Beginn der Antike im Mittelmeerraum, um 1200 vor Christus. Forschungsgegenstand der Frühgeschichte sind Kulturen, zu denen schriftliche Überlieferungen existieren. Dazu gehören die Hochkulturen Ägyptens, Mesopotamiens, Syriens, Persiens und Kleinasiens.

Prähistorische Felszeichnung
Der »Saal der Stiere« in der Höhle von Lascaux in Frankreich, um 15 000 vor Chr.

Fels- und Höhlenwände

Am Anfang der Mediengeschichte der Menschheit stehen Felswände, die bereits in vorgeschichtlicher Zeit als Träger- und Speichermedien für Zeichen- und Bildsprachen dienten. Zu den frühesten bekannten Felszeichnungen gehören

die über 30 000 Jahre alten Darstellungen in der Höhle von Chauvet im Südosten Frankreichs. Weitere Felsbild-Zentren finden sich in Europa beispielsweise in Lascaux, ebenfalls in Frankreich, in Altamira, Nordspanien, in Russland sowie in Skandinavien. Dass es sich bei den Felszeichnungen um ein globales Phänomen handelt, belegen weitere Funde in Afrika, Amerika, Asien und Australien. Im Zentrum der Darstellungen stehen Leben und Sterben, Geburt und Tod, Geister und Götter, Natur und Umwelt. Damit dokumentieren die Felszeichnungen die Kultur unserer Vorfahren, ihre Vorstellungen von Diesseits und Jenseits, ihr Wissen und Wünschen, ihre Ängste und Hoffnungen. Sie gewähren Einblicke in Glaubenvorstellungen und Riten.

Pyramiden

Ihre Fortsetzung und Wei-
terentwicklung fanden die
Fels- oder Höhlenzeichnun-
gen im 3. Jahrtausend vor
Christus bei den frühen
Hochkulturen, unter ande-
rem an den Wänden und
Mauern der altägyptischen
Pyramiden (von altgrie-
chisch *pyros*, »Feuer«, und

mesi, »Mitte«). Sie versinnbildlichen die Strahlen des
Sonnengottes und dienten den Pharaonen als Grab-
stätten. Die wichtigste Funktion dieser Bauwerke, die
auch in der Kultur der Maya und Inka in Südamerika
bekannt sind, bestand darin, die Erinnerung an die
verstorbenen Herrscher lebendig zu erhalten. Hier
fanden Zeremonien und Rituale im Kontext des Toten-
kults statt.

Pyramiden von Gizeh
Kalkstein, um 2600 v.
Chr., 4. Dynastie, Gizeh
(Ägypten)

   Die Zeichen des ältesten ägyptischen Schriftsystems,
die Hieroglyphen (von altgriechisch *hieros*, »heilig«,
und *glypho*, »ritzen, gravieren«), fanden im Zeitraum
von 3200 vor Christus bis 300 nach Christus Verwendung. Durch den Stein von Rosette, datiert auf das Jahr
196 vor Christus, wurde es möglich, die Hieroglyphen
zu entziffern, denn der schwarze Basaltstein, der hier
als Träger- und Speichermedium dient, zeigt den Text
auch in Demotisch und Griechisch.

Stein von Rosette
Basaltstein, 196 v. Chr.,
Memphis (Ägypten)
1799 entdeckt, befindet
sich der Stein seit 1802
im British Museum in
London. Dem Sprach-
wissenschaftler Jean-
François Champollion
gelang 1822 anhand
dieses Steines erstmals
die Entzifferung der
Hieroglyphen.

   Die Inschriften in den Pyramiden erzählen
unter anderem die Lebensgeschichte der Verstorbenen. Die Träger- und Speichermedien
dieser Informationen sind Wände, Mauern und
Sarkophage. Zum festen Kanon der Texte, die
Wände und Decken der Gänge, Räume und
Grabkammern bedecken, gehören die »Jenseits-
bücher«, Sammlungen von Texten, bebildert
mit Zeichnungen oder Reliefs. Sie beschreiben
den Weg ins Totenreich und das Jenseits sowie
die nächtliche Fahrt des Sonnengottes durch
das Reich der Toten. Die so genannten Pyrami-

Hieroglyphen
Die Hieroglyphenschrift
kann durch den Ge-
brauch von Piktogram-
men und Phonogram-
men ein breites Spek-
trum an konkreten und
abstrakten Sachverhal-
ten wiedergeben.
Verwendet wurde sie
um 3200 vor bis 300
nach Christus.

dentexte, deren älteste Beispiele in die Zeit um 2500
vor Christus datieren, waren zunächst den Innenwän-
den der Grabkammern vorbehalten. Ab etwa 2000 vor
Christus findet man sie auch als »Sargtexte« auf den
Binden der Mumien und auf den Sargdeckeln. Es handelt sich dabei um Zaubersprüche und Beschwörungs-
formeln, aber auch um Hinweise für die Verstorbenen,
wie sie Gefahren auf dem Weg ins Totenreich überwin-
den und die Unsterblichkeit erlangen können. Um
1500 vor Christus begann man, die Innenseiten der
Särge für Darstellungen aus den Jenseitsbüchern zu
nutzen, während die Sargtexte auf Papyrusrollen übertragen und den Verstorbenen zur Seite gelegt wurden.

Als Träger- und Speichermedien sind auch die
Scheintüren im Inneren der Pyramiden zu betrachten.
Diese fingierten Türen in der Kultkammer stellten für

Schrift
Als Schrift definiert man ein System von Zeichen, das der Speicherung oder Vermittlung von Informationen dient und Begriffe oder Handlungen in immer gleichen Bild-
oder Zeichenfolgen systematisch wiederholt. Vorstufen finden sich schon in den Fels-
malereien der vorgeschichtlichen Zeit. Die Entwicklung der Schrift in den frühen Hochkulturen ist untrennbar mit der Entwicklung der Träger- und Speichermedien verbunden. Mittels definierter Zeichensysteme konnten Informationen auf einem Datenträger
gespeichert und wieder abgelesen werden. Die Schrift dient dabei der Dokumentation
und Kommunikation, der Datenträger fungiert als Speichermedium.

die Verstorbenen die Verbindung zwischen der diesseitigen und der jenseitigen Welt her. Die erhaltenen Exemplare zeigen Darstellungen von Personen und Göttern, die bisweilen namentlich gekennzeichnet sind, aber auch längere Inschriften, Orientierungshinweise sowie Beschwörungs- und Opferformeln in Hieroglyphen.

Von den etwa 100 Pyramiden in Ägypten, die aus überlieferten Dokumenten bekannt sind, konnten fast alle nachgewiesen werden. Den größten Bekanntheitsgrad haben heute die drei Pyramiden von Gizeh, die aus der 4. Dynastie stammen, also bereits in der Zeit um 2600 vor Christus entstanden sind. Die größte unter ihnen,

Scheintür
Kalkstein, um 3000 v. Chr., 1. Dynastie, Pyramide von Sakkara (Ägypten)

die Cheops-Pyramide, hatte ursprünglich eine Höhe von 146 Metern, die Chephren-Pyramide maß 143,5 Meter und die Mykerinos-Pyramide 65 Meter. Für keine dieser drei Pyramiden konnte nachgewiesen werden, dass sie tatsächlich als Grabstätte gedient hat, ebenso wenig wurden Inschriften gefunden, so dass die Forschung heute zum Teil von einer rituellen Nutzung ausgeht. Die Pyramiden der 5. Dynastie, die rund 100 Jahre später erbaut wurden, erreichten nicht die gewaltigen Ausmaße der Vorgängerbauten, sind aber sowohl durch zahlreiche Grabfunde, Reliefs und Inschriften als auch durch schriftliche Überlieferungen als Begräbnisstätten dokumentiert. In der 13. Dynastie, um 1700 vor Christus, kam der Pyramidenbau in Ägypten zum Erliegen.

Obelisken

Etwa zeitgleich mit den Pyramiden entstanden im 3. Jahrtausend vor Christus die ersten Obelisken (lat. *obeliscus*, »Spitzsäule«), hohe vierkantige Monumente aus Stein, die sich nach oben verjüngen und in einer

Obelisk
Granit, 1464 v. Chr.,
18. Dynastie, Karnak
(Ägypten)
Mit 32 Metern Höhe
ist der Obelisk der
Hatschepsut einer der
größten, die aufgerich-
tet wurden. Auf allen
vier Seiten trägt er
Inschriften in Hierogly-
phen.

pyramidenförmigen Spitze auslaufen. Die Obelisken
versinnbildlichen, wie die Pyramiden, die Strahlen des
Sonnengottes und stellen die Verbindung zwischen der
Welt der Menschen und Welt der Götter dar. Versehen
mit Inschriften in Hieroglyphen, Zeichen und Symbo-
len dienten sie ebenfalls als Träger- und Speichermedien. Das älteste bekannte Exemplar eines monolithi-
schen Obelisken ist durch ein Kalksteinfragment aus
der 6. Dynastie belegt, also der Zeit um 2300 vor Christus. Den größten bekannten Obelisken von 32 Metern
Höhe ließ die Pharaonin Hatschepsut um 1464 vor
Christus im Amun-Tempel in Karnak aufrichten.

Stelen

Auch die Stele (altgriech., »Grabstein«, »Grabsäule«)
ist seit dem 3. Jahrtausend vor Christus bekannt. Aus
dem 2. Jahrtausend vor Christus sind Stelen mit Inschriften in Hieroglyphen in Ägypten als Gedenk- oder
Grabsteine überliefert. In vorchristlicher und christlicher Zeit wurden bis zu 30 Meter hohe monolithische
Stelen errichtet, die sich nach oben verjüngen und mit
einem Rundbogen abschließen. In Aksum, im Norden
Äthiopiens, blieb eine solche Stele aus dem 4. Jahrhundert vor Christus erhalten. Ebenso wie die Obelisken
waren Stelen ein recht augenfälliges Träger- und Speichermedium für Informationen und so dienten sie in
der Antike nicht nur als Grab- oder Denkmal, sondern
auch als Urkunden- oder Grenzstein. In römischer Zeit
näherte sich die Grabstele der Form des Grabsteins an,
wie er noch heute gebräuchlich ist: Sie wurde niedri-
ger, breiter und schloss mit einer Palmette oder einem
Giebel ab.

Token und Kerbholz

Zu den Träger- und Speichermedien, die bereits in
vorägyptischer Zeit gebräuchlich waren, gehören die
Tokens, kleine Steine, später auch Tonstückchen, von
unterschiedlicher Größe und Form, mit oder ohne Mar-
kierungen. Die ältesten bekannten Beispiele stammen
aus der Zeit um 8000 vor Christus und dienten zu-

Tokens
um 3000 v. Chr., Susa (Iran). Die unter- schiedlich geformten Zählmarken wurden in versiegelten Tonbehältern fälschungs- sicher aufbewahrt.

nächst möglicherweise als Schmuck- stücke oder Amulette (von lat. *amule- tum*, »Kraftspender«). Die Forschung geht davon aus, dass die Tokens oder *calculi* (Kalksteinchen) schon früh als Zählsteine verwendet wurden, wobei eine bestimmte Form einem be- stimmten Wert zugeordnet wurde.

Um 5000 vor Christus entwickel- ten die Sumerer eine Schrift, die aus über 1000 Zeichen bestand. Von diesen Zeichen ent- sprachen einige bestimmten Zahlen oder Werten, die dann auch für die Markierung der Tokens verwendet wurden. Um 3200 vor Christus erfolgte eine weitere Ausdifferenzierung des Zählsteinsystems: Ihre Be- sitzer signierten die Tokens und bewahrten sie in ver- siegelten Tongefäßen auf. Genutzt wurden die Tokens bis etwa 1500 vor Christus.

Calculi
Calculi waren klei- ne Zählsteinchen aus Kalkstein. Die Griechen und Römer verwendeten sie noch bis in die Anti- ke beim Rechnen mit dem Abakus, der ursprünglich aus gezeichneten Linien bestand, an denen entlang die Stein- chen verschoben wurden.

Das Kerbholz ist ein weiteres Träger- und Speicher- medium vorägyptischen Ursprungs. Funde aus der Alt- steinzeit belegen die Existenz dieser Zählleisten bereits vor etwa 30000 Jahren. Verwendet wurde das Kerbholz bis ins 18. Jahrhundert. Seine Funktion bestand darin, Vereinbarungen oder Verträge zwischen zwei Partnern zu dokumentieren: Auf einem läng- lichen Holzstück wurden waagerechte Einkerbungen angebracht, die sich auf Warenlieferungen, Arbeitsleistun- gen oder Schulden bezogen. Das Kerbholz wurde anschließend längs

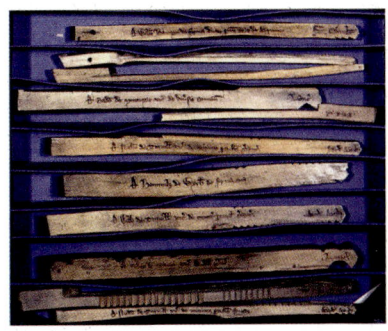

Kerbhölzer
Haselnussholz, 13. Jahrhundert, Grafschaf- ten Buckinghamshire und Bedfordshire (England)

gespalten und jeder der Vertragspartner erhielt eine Hälfte zur Dokumentation und zum Vergleich bei der Abrechnung. »Etwas auf dem Kerbholz haben« bedeutete ursprünglich, dass die Begleichung einer Rechnung noch ausstand.

Rollsiegel

Rollsiegel (Siegel von lat. *sigillum*, »Bildchen«) wurden bereits im 4. Jahrtausend vor Christus zur Beglaubigung von Dokumenten und zur Sicherung von Gegenständen verwendet. Um die Einmaligkeit und den Wiedererkennungswert des Rollsiegels zu sichern, musste es individuell gestaltet sein. In den Stein wurden Inschriften, Symbole und bildliche Darstellungen umlaufend eingraviert. Durch das Abrollen des Zylinders auf dem Trägermaterial, vorzugsweise Ton, entstand dann der Siegelabdruck im Hochrelief. Die ersten bekannten

Abdruck eines Rollsiegels
18. Jahrhundert v. Chr., Mesopotamien
Rollsiegel zeigen häufig kultische Handlungen oder Motive. Werkzeuge zur Bearbeitung der Siegel waren Drillbohrer, Schleifrad, Schleifsand und Stichel.

Rollsiegel wurden Ende des 4. Jahrtausends vor Christus von den Sumerern hergestellt. Dabei handelte es sich um maximal zehn Zentimeter hohe und zwei Zentimeter dicke Steinzylinder aus Halbedelsteinen wie Onyx, Lapislazuli oder Achat. Um das Rollsiegel griffbereit zu haben und zu sichern, wurde es von seinem Besitzer an einer Kette um den Hals getragen. Möglicherweise wurden die Rollsiegel auch als Amulette verwendet, worauf die Verwendung von Halbedelsteinen als Trägermaterial hindeutet. Erst in der Antike, im 8. Jahrhundert vor Christus, wurde das Rollsiegel vom Stempelsiegel abgelöst, wie es heute noch gebräuchlich ist. Stempelsiegel waren im vorderen Orient seit dem 3. Jahrtausend vor Christus in Gebrauch.

Tontafeln

Aus kulturhistorischer Sicht stehen Siegel und Tontafel bei den frühen Hochkulturen, beispielsweise bei den Sumerern und Babyloniern, in engem Zusammenhang mit der Erfindung der Keilschrift. Diese Ausformung einer Bilderschrift in keilförmigen Abdrücken wurde von den Sumerern um 3500 vor Christus entwickelt. Aus dem 4. bis 3. Jahrtausend vor Christus sind etwa 300.000 sumerische Tontafeln erhalten geblieben. Diese Tafeln dienten der Speicherung von kultischen Texten, man hat auf ihnen aber auch Wissen profaner Art festgehalten, astronomische und mathematische Erkenntnisse, medizinische, wirtschaftliche und juristische Informationen ebenso wie alltägliche Kommunikation. Mit Rollsiegeln gekennzeichnet, konnten die solcherart beschrifteten Tafeln einem Autor zugeordnet werden. Um die Schriftzeichen, die mit einem Griffel in den feuchten Ton geritzt wurden, zu sichern, brannte man die Tafeln. Als Träger- und Speichermedien für das kollektive Gedächtnis wurden sie archiviert, aber auch weitergegeben und vervielfältigt. Es ist überliefert, dass der assyrische König Assurbanipal um 650 vor Christus eine umfangreiche Sammlung anlegte, die rund 20000 Tontafeln umfasste.

Assyrische Keilschrift
Tontafel, erste Hälfte
2. Jahrtausend v. Chr.,
Kanesch (heute Kültepe, Türkei)

Ostraka
Ton, um 300 v. Chr. bis
300 n. Chr.

Die Tontafeln wurden um 300 vor Christus als Träger- und Speichermedien abgelöst. Als alltägliche Kulturmedien, die der kurzfristigen Bewahrung und Vermittlung von Informationen dienten, wurden sie von den Ostraka, meist Ton- oder Kalksteinscherben, verdrängt. Im Kontext der langfristigen Archivierung von Informationen übernahm die Schriftrolle als Datenträger im 3. Jahrhundert nach Christus überwiegend die Funktion der Tontafel.

Der Begriff »Antike« (von lat. *antiquus,* »alt«, »altertümlich«) bezeichnet die Epoche des Altertums im Mittelmeerraum. Sie reicht etwa von 1200 vor bis 600 nach Christus und umfasst die Geschichte des archaischen und klassischen Griechenlands, des Hellenismus und des Römischen Reichs.

Katakomben

Die ältesten Katakomben befinden sich vor den Toren Roms und sind vorchristlichen Ursprungs. Die Bezeichnung ist abgeleitet vom römischen Flurnamen *ad catacumbas,* griech. *kata kymbas,* »in den Höhlungen«. Die Christen übernahmen den Brauch, ihre Toten in unterirdischen Gängen und Kammern zu bestatten, im 2. Jahrhundert nach Christus. Neue Katakomben entstanden, bereits bestehende wurden ausgebaut und erweitert. Die Mehrzahl der über 60 Katakomben Roms liegt an der Via Appia Antica. Da in den unterirdischen Grabkammern auch die Gebeine von Märtyrern und Päpsten beigesetzt wurden, fanden hier bisweilen Gottesdienste statt. Die Vermutung, dass die Katakomben im Kontext der Christenverfolgungen des 2. und 3. Jahrhunderts auch als Versammlungsorte und als Verstecke genutzt wurden, ist inzwischen durch die Forschung widerlegt.

Die bildlichen Darstellungen in den Katakomben sowie die überlieferten Schriften dokumentieren ein neues Verständnis vom Tod und vom Leben danach: Die Christen, die den Tod nicht mehr als Endpunkt begriffen, bezeichneten die Grabkammern als »Schlafräume« *(koimetéria)* und gestalteten sie in Erwartung der Wiederauferstehung farbig, mit christlicher Symbolik und Szenen aus dem Alten Testament. Die Wände der Grabkammern dienten dabei als Träger- und Speichermedien für die Darstellung eines neuen, christlichen Weltbilds, gekennzeichnet durch die Hoffnung auf Erlösung und ewiges Leben.

Calixtus-Katakombe
Fresko, Mitte 3. Jahrhundert n. Chr., Katakombe von San Callisto (auch Calixtus- bzw. Kallixt-Katakombe) in Rom
Christus als »guter Hirte«, Rettungssymbolik für das Christentum. Das Motiv ist in ein System aus farbigen Linien eingebunden, die Wände und Decken der Katakombe gliedern.

Schriftrollen

In der Antike war Papyrus das dominierende Träger-
und Speichermedium. Daraus wurden Schriftrollen
(rotuli) hergestellt, bevor Pergament in Gebrauch kam.
Papyrus wurde aus dem Zellmark der Papyruspflanze
gewonnen und lässt sich als Beschreibstoff in Ägypten
schon für das 3. Jahrtausend vor Christus nachweisen.
Zur Herstellung des Papyrus wurde das Mark der

Cyperus papyrus
Papyrusstauden kön-
nen bis zu zwei Meter
hoch werden.

Sumpfpflanze *Cyperus papyrus* verwendet. Man schnitt
es in lange dünne Streifen und legte es nebeneinander,
dann wurde, quer zum Faserverlauf, eine zweite Lage
darüber geschichtet. Anschließend bedeckte man die
Faserschichten mit einem Tuch und bearbeitete sie mit
einem Holzhammer, bis sie eine feste Verbindung ein-
gingen. Danach musste das Rohmaterial getrocknet,
gepresst, geglättet, poliert und beschnitten werden.
Über Griechenland gelangte der Papyrus dann als Beschreibstoff nach Rom.

Die ältesten Pergamentfunde stammen ebenfalls aus
Ägypten und werden in das 3. Jahrtausend vor Christus
datiert. Pergament, bearbeitete Tierhaut, ist als Beschreibstoff seit der späten Antike im Mittelmeerraum
nachweisbar und löste den Papyrus im 4. Jahrhundert
allmählich ab. Als Ausgangsmaterial zur Herstellung
von Pergament wurden Kalbs-, Rinder-, Schaf- oder
Ziegenhäute verwendet. Diese beizte man in einer

Lauge aus Wasser und Kalk oder Pottasche. Danach wurden die Tierhäute gereinigt, von allen Anhaftungen befreit und zum Trocknen aufgespannt. Abschließend glättete man sie mit einem Schaber und beschnitt sie. Beschrieben wurden beide Speichermedien, Papyrus- und Pergamentblätter, mit schwarzer und roter Tusche, die aus Ruß und einer Lösung von Gummi arabicum beziehungsweise auf Ockerbasis hergestellt wurde. Als Schreibgeräte verwendeten die Ägypter Pinsel aus Binsen, Griechen und Römer benutzen bereits im 3. Jahrhundert nach Christus gespaltene Rohrfedern.

Ab dem 4. Jahrhundert vor Christus avancierte die Schriftrolle zum wichtigsten Träger- und Speichermedium für sakrale und profane Texte aller Art, darunter religiöse Schriften, Lehrinhalte, philosophische Abhandlungen, Dichtungen, Anekdoten und Rezeptsammlungen. Die *rotuli* wurden archiviert, kopiert und durch Händler verbreitet. Ende des 4. Jahrhunderts vor Christus, unter Alexander dem Großen, florierte der Rollenhandel und es entstanden große Rollensammlungen.

Im 4. Jahrhundert nach Christus wurde die Schriftrolle allmählich durch den Buchkodex verdrängt, für den in den folgenden Jahrhunderten bevorzugt Pergament als Beschreibstoff Verwendung fand. Im sakralen Bereich behielt die Rolle zunächst noch ihre Bedeutung, da sie aus kultisch reinem Material gefertigt war. Doch bereits im Jahre 313, als das Christentum Staats-

Schriftrolle
Pergament, 2. Jahrhundert v. Chr., Teil der Funde in Qumran, Westjordanland
Die so genannte Jesaja-Rolle gehört zu den etwa 800 Texten und Textfragmenten, die 1949 in der Nähe von Qumran am Toten Meer gefunden wurden.

Bibliotheken
Als größte und bedeutendste Sammlung von *rotuli* galt in hellenistischer Zeit die Bibliothek von Alexandria. Um 250 vor Christus betrug die Anzahl der hier aufbewahrten Papyrusrollen bereits 400.000, später wurden in der Bibliothek bis zu 700.000 Schriftrollen archiviert. Die erste öffentliche Bibliothek Roms wurde um 40 vor Christus von Gaius Asinius Pollio gegründet. Wesentlich umfangreicher und bedeutender war jedoch die wenige Jahre später durch Kaiser Augustus eingerichtete palatinische Bibliothek. Den größten Bibliotheksbau ließ Kaiser Trajan um 112 in Rom errichten. Die Bibliothek erstreckte sich über zwei Stockwerke und umfasste sowohl eine griechische als auch eine lateinische Abteilung. Die entsprechenden Säle waren jeweils zirka 200 Quadratmeter groß und durch einen Portikus getrennt.

religion wurde, ließ Kaiser Konstantin 50 Exemplare der Heiligen Schrift in Form von Kodizes auf Pergament fertigen.

Ursächlich für den Bedeutungsverlust der *rotuli* sind sowohl wirtschaftliche als auch funktionale Aspekte: Der Papyrus, bevorzugter Beschreibstoff der Rollen, konnte nicht beidseitig genutzt werden. Anders als beim Pergament, das mittels eines Bimssteins abgeschabt werden konnte, war es beim Papyrus nicht möglich, die gespeicherten Informationen zu überarbeiten oder zu löschen. Aus Gründen der praktikablen Handhabung durften die Rotuli nicht zu umfangreich werden, womit der Speicherplatz der Papyrusrolle begrenzt war. Außerdem boten sie, anders als der Buchkodex, nicht die Möglichkeit, eine Textstelle schnell nachzuschlagen. Zudem war das Pergamentblatt aufgrund seiner Haltbarkeit als Träger- und Speichermedium zur Archivierung von Informationen langfristig besser geeignet als der Papyrus. Folgerichtig wurde mit der Erfindung des Buchkodex im 1. Jahrhundert nach Christus erneut ein Medienwechsel eingeleitet.

Medienwechsel
Ein Medienwechsel liegt vor, wenn ein Übertragungsmedium ein anderes ablöst oder die Informationsübertragung mittels verschiedener Träger- und Speichermedien erfolgt, die einander abwechseln.

Kodizes

Als Träger- und Speichermedium für den Schriftverkehr und als Zwischenspeicher für Texte aller Art wur-

**Mädchen mit Wachs-
tafelbuch und Stilus**
Fresko, vor 79 n. Chr.,
Herculaneum (heute
Ercolano, Italien)
Das Wandbild stammt
aus einer Villa in Hercu-
laneum. Die römische
Stadt am Golf von Nea-
pel ging wie Pompeji
und Stabiae beim Aus-
bruch des Vesuvs
79 nach Chr. unter.

den im Römischen Reich bereits ab dem 3. Jahrhundert vor
Christus Wachstafeln und
Wachstafelbücher verwendet.
Wachstafelbücher, so genannte
Kodizes (von lat. *codex*, »Klotz«)
bestanden aus hochrecht-
eckigen, in einigen Fällen oben
halbrund abschließenden,
kleinformatigen Tafeln. Diese
wurden aus Holz, in selteneren
Fällen auch aus Elfenbein oder
Metall gefertigt und hatten einen erhöhten Rand. Innerhalb
dieser Umrandung wurde als
Beschreibstoff eine erwärmte Wachsschicht von ein
bis drei Millimetern Dicke aufgetragen. Diese Schicht
bestand aus Bienenwachs, das mit Talg, Baumharz,
Leinöl oder anderen Zusatzstoffen vermischt und anschließend zumeist mit Ruß dunkel eingefärbt wurde.
War die Wachsmischung auf dem Trägermaterial erkaltet, konnten mit der spitz zulaufenden Seite eines
Griffels (lat. *stilus*, »spitzer Pfahl«) aus Holz, Elfenbein
oder Metall Zeichen eingeritzt werden. Durch das Glätten der Oberfläche mit der spatelförmig abgeflachten
Kehrseite des *stilus* war es möglich, die gespeicherten
Zeichen zu löschen.

Häufig wurden die Wachstafeln mittels Lederbän-
dern oder Drahtverbindungen zu Büchern in Form von
Dyptichen (zweiteilig), Triptychen (dreiteilig) und Po-
lyptichen (mehrteilig) zusammengefasst. Beim Schlie-
ßen der Kodizes schützte das Trägermaterial für den
Beschreibstoff das Wachs und die darin gespeicherten
Informationen. Zusätzlich konnten die Wachstafelbücher versiegelt und so vor unerlaubtem Zugriff geschützt werden.

Der Begriff »Kodex« wurde im 1. Jahrhundert nach
Christus vom Wachstafelbuch auf den Buchkodex
übertragen. Als Beschreibstoff fand nun anstelle von
Wachs Pergament Verwendung, in seltenen Fällen

auch Papyrus. Das Trägermaterial für die Wachsmischung, also Holz, Metall oder Elfenbein, verwandelte sich in Buchdeckel. Es war vor allem diese Weiterentwicklung des Buchkodex, der ab dem 4. Jahrhundert gebunden wurde und mit einem festen Einband versehen war, die wesentlich dazu beitrug, dass sich dieses Medium bis zum 6. Jahrhundert nach Christus auch im sakralen Bereich etablierte: Durch den Medienwechsel von der Rolle zum Kodex bot sich erstmals die Möglichkeit, die Bücher der Bibel in einem Buchblock zusammenzufassen.

Briefe

Die Geschichte des Briefes (von lat. *brevis*, »kurz«) als Medium der Kommunikation ist eng mit der Entwicklung des Postwesens verbunden. Die Übermittlung zwischen Sender und Empfänger des Träger- und Speichermediums Brief erfolgte ursprünglich über individuell genutzte Transportmedien, dies waren Fußboten, berittene Boten oder Brieftauben. Ansätze eines geordneten Nachrichtenwesens sind bereits aus dem alten Ägypten, Babylonien, aus Persien und Griechenland bekannt, doch erst in der römischen Antike begann die Entwicklung des Postwesens.

Bei den ersten »Brieffunden« aus Ägypten, die aus dem 4. Jahrtausend vor Christus stammen, handelt es sich um steinerne Tafeln. Die Empfänger dieser Nachrichten waren die Verstorbenen im Jenseits oder Gottheiten. Im 2. Jahrtausend vor Christus wurde der Brief als Kommunikationsmedium aus dem kultischen in den profanen Bereich übernommen. Aus

Amarna-Brief 324
Keilschrift auf Stein, 14. Jahrhundert v. Chr., Tell el-Armana (Ägypten) Unter den 1885 in Tell el-Amarna gefundenen Keilschrifttafeln befindet sich Privat- und Geschäftskorrespondenz. Den Brief mit der Nummer 324 schrieb Widia, Herrscher von Askalon, an den ägyptischen Pharao.

dieser Zeit stammen die ersten Briefe mit privaten und geschäftlichen Inhalten. In Ägypten verwendete man hierfür vorrangig kleinformatige steinerne Tafeln als Träger- und Speichermedien, die Babylonier bevorzugten Tontafeln. Die ersten Briefe aus Griechenland, die bis in das 4. Jahrtausend vor Christus zurück reichen, bestehen aus dünn gehämmertem Blei, das sich wie Papier rollen oder falten ließ. Daneben wurden auch organische Trägermaterialien verwendet, wie Holz, Knochen oder Leder. Ab dem 3. Jahrhundert vor Christus wurden im antiken Griechenland und in Rom Wachstafeln als Trägermedium bevorzugt.

Eine Briefkultur entwickelte sich bereits früh, vermutlich hat sie ihren Ursprung im antiken Griechenland. Hier unterschied man schon vor Beginn unserer Zeitrechnung zwischen verschiedenen Briefarten. Pseudo-Demetrios nennt mehr als zwanzig voneinander abweichende Arten, darunter Liebesbriefe, Freundschaftsbriefe, Lobbriefe, Trostbriefe, Bittbriefe und Dankesbriefe. Für alle Formen der Korrespondenz wurden bereits zu diesem frühen Zeitpunkt inhaltliche, stilistische und ästhetische Kriterien festgelegt. Professionelle Schreiber übernahmen die Erstellung wichtiger Nachrichten, wobei ihnen Musterbriefe als Vorlagen dienten. Diese Entwicklung wurde dadurch begünstigt, dass viele Briefe öffentlich oder halböffentlich waren. Sie wurden im Kreise der Familie, von Freunden oder auch auf Versammlungen vorgelesen, weitergereicht, diskutiert, vervielfältigt und schließlich archiviert.

Postwesen

Das erste bekannte System zur Weitergabe von Informationen mittels Transportmedien datiert in das 6. Jahrtausend vor Christus, als in Ägypten Brieftauben zur Überbringung von Botschaften eingesetzt wurden. Die Taubenpost, die man insbesondere wegen ihrer Zustellgeschwindigkeit schätzte, wurde unter anderem von den Griechen und Römern übernommen.

Reisewagen des cursus publicus
Römischer Grabstein, nach 15 v. Chr., Kirche von Maria Saal in Kärnten
Solche vierrädrigen Reisewagen wurde im römischen Postwesen für die Beförderung von Personen und Lasten genutzt.

Im 6. Jahrhundert vor Christus transportierten Kuriere des Königs im persischen Reich mittels einer Reiterstafette Nachrichten vom Sender zum Empfänger. Im antiken Griechenland übernahmen Schnellläufer, die lange Strecken in kürzester Zeit zurücklegen konnten und größere Distanzen an Bord von Schiffen überwanden, den Nachrichtentransport. Herodot berichtet über einen Läufer, der im Jahr 490 vor Christus sterbend den Sieg der Perser in der Schlacht bei Marathon in Athen verkündete. Vermutlich basiert der heute Marathon genannte Langstreckenlauf über 42,195 Kilometer jedoch auf einer Legende aus dem 4. Jahrhundert vor Christus, die sich in Berichten und Erzählungen in der gesamten griechischen Welt verbreitete.

Dienten im kleinstaatlichen Griechenland vorrangig individuelle Boten als Nachrichtenübermittler, meist Sklaven oder Freigelassene, entwickelte sich im Römischen Reich, bedingt durch dessen zentralistische Organisation und räumliche Ausdehnung, ein effizientes und institutionalisiertes Nachrichtenwesen. Aus dem 3. Jahrhundert vor Christus, der Zeit der Expansion im Mittelmeerraum, datieren die Anfänge des römischen Postwesens. Entlang der Verkehrswege zwischen den römischen Provinzen gab es Stationen, wo die Boten übernachten und die Pferde wechseln konnten. Auf die so genannten Wechselstationen (lat. *mutatio posita*) wird der Ursprung des Begriffes »Post« zurückgeführt.

Den Grundstein für eine eigene Staatspost im Römischen Reich legte Julius Cäsar um 50 vor Christus. Der römische Kaiser Augustus baute das Transportsystem unter der Bezeichnung *cursus publicus* (lat., »staatliche Beförderung«) weiter aus. Der *cursus publicus* diente ausschließlich der Verbesserung der Kommunikation mit den Provinzen des Reiches, er unterstand direkt dem Kaiser und war für private Sendungen nicht zugelassen. Ähnlich wie beim Staffellauf wurden Fußboten entlang wichtiger Verbindungswege postiert, um Nachrichten in Empfang zu nehmen, weiter zu transportieren und an den nächsten Läufer zu übergeben. Später beförderten berittene Boten, die ihre Pferde an eigens hierfür eingerichteten Poststationen wechseln konnten, die Postsendungen. Dem Transport dienten außerdem Fuhrwerke und Schiffe. Das Netz von Straßen und Schiffslinien, das wichtige Städte und die Provinzen miteinander verband, wurde stetig ausgebaut. Erst mit dem Zerfall des Weströmischen Reiches verschwand auch der *cursus publicus*. Im Oströmischen Reich blieb er als Reichspost noch bis ins 6. Jahrhundert erhalten. Im Durchschnitt betrug die Geschwindigkeit eines römischen Reisenden 30 km am Tag, ein Postbote konnte die doppelte Wegstrecke zurücklegen.

Akustische Signale

Parallel zum Speichermedium Brief und den mit ihm verbundenen Transportmedien übernahmen in der Antike akustische und optische Übertragungsmedien die Weitergabe von Informationen vom Sender zum Empfänger.

Im 4. Jahrhundert vor Christus sollen die Perser mit Hilfe von Rufposten Nachrichten von den Grenzen ihres Reiches in die Hauptstadt Persepolis über eine Distanz von zirka 300 Kilometern gesendet haben. Auch in Julius Cäsars Bericht vom Gallischen Krieg, 58 bis 51 vor Christus, werden Rufübermittlungen über Distanzen von etwa 250 Kilometern erwähnt. Die Proble-

matik akustisch übertragener Signale lag in der Reichweite. Im Falle der ausschließlichen Nutzung der
menschlichen Stimme war eine hohe Dichte von Sig-
nalposten erforderlich. Unter Verwendung von Hilfs-
mitteln wie Signalhörnern oder Trommeln konnte die
Anzahl der Nachrichtenübermittler verringert werden.
In jedem Fall war es notwendig, die Nachricht mehrfach zu senden, da die Wahrscheinlichkeit von Über-
mittlungsfehlern hoch war.

Optische Signale

Die Anfänge der Telegrafie reichen ebenfalls bis in die
Antike zurück. Da die Reichweite des menschlichen
Auges über die des Ohres hinausgeht, wurden auch die
Möglichkeiten der optischen Nachrichtenübermittlung
mittels Übertragungsmedien früh erprobt. Die Anzahl
der optisch übertragbaren Zeichen war anfangs noch
begrenzter als die der akustisch übertragbaren Signale.
Aus diesem Grund konnten nur kurze Nachrichten in
Form codierter Zeichen gesendet werden, denen vor-
her eine bestimmte Botschaft zugeordnet worden war.
Sender und Empfänger befanden sich zum Zeitpunkt
der Nachrichtenübermittlung nach Möglichkeit an erhöhten Standorten: auf Hügeln, Türmen oder Mauern.
Tagsüber konnten die Signale mittels verschiedener
Übertragungsmedien ausgesendet werden, etwa als
Spiegel-, Rauch- oder Feuerzeichen. Nachts war die
Nachrichtenübermittlung ausschließlich mit Feuerzeichen möglich. Der Schein von großen brennenden
Holzstößen reichte bei klarer Sicht über 100 Kilometer
weit und die damit verbundene Nachricht verbreitete
sich schnell »wie ein Lauffeuer«. Erste Signalübertra-
gungen mit Hilfe von Fackeln sollen in Griechenland
um 400 vor Christus stattgefunden haben.

Historisch belegt ist die Idee der Codierung von einzelnen Zeichen einer Nachricht mit beliebigem Inhalt
aus der Zeit um 150 vor Christus durch den griechischen Geschichtsschreiber Polybios. Sein Codierungssystem sah vor, die Buchstaben des Alphabets in fünf
Reihen und Spalten quadratisch anzuordnen. Jeder

**Codierungssystem
nach Polybios**
um 150 v. Chr.,
Griechenland
Jeder Buchstabe hat
seinen festen Platz in
einem Koordinaten-
system.

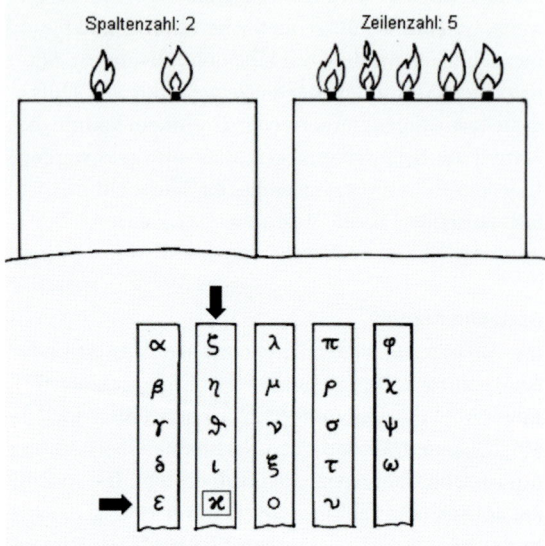

Buchstabe erhielt so einen bestimmten Platz im Koordinatensystem des Polybios-Quadrats. Zur Übermittlung der Nachricht wurden Fackeln nacheinander in bestimmten Zinnen von zwei benachbarten Türmen aufgestellt, die jeweils die Reihe und die Spalte eines Buchstabens anzeigten. Der Empfänger der optischen Signale konnte die Buchstaben anhand des Polybios-Quadrats identifizieren und zu Worten und Sätzen aneinander fügen. Damit wurde die Übermittlung längerer Texte und komplexer Botschaften möglich, wobei die Reichweite beschränkt war und die Übertragungsdauer lang.

Münzen

Die Münze (von lat. *moneta*) ist ein zumeist rundes, aus Metall gegossenes oder geprägtes Zahlungsmittel, durch das der Tauschhandel ganz oder zumindest teilweise abgelöst wurde. Medienhistorisch betrachtet fungieren Münzen als Träger- und Speichermedien für ein staatlich geregeltes Geldwesen, das dem Handel dient.

Seit der Antike bis ins 15. Jahrhundert erfolgte die Münzprägung durch den freien Hammerschlag ohne spezifische technische Vorrichtungen. Hierbei wurde je ein Münzstempel für Vorder- und Rückseite der Münze verwendet. Man gravierte zunächst in einen Unterstempel ein Bildnegativ ein, das die Vorderseite, auch Avers genannt, prägte. Dieser Unterstempel wurde in einen Amboss oder Holzblock eingelassen. Anschließend legte man das Trägermaterial, zum Beispiel ein Stück Gold, Silber, Kupfer oder eine Legierung, auf den Unterstempel. Der Rohling, auch Schrötling genannt, war ein genau abgewogenes und in Form geschnittenes oder im Gussverfahren hergestelltes Metallstück. Das Trägermaterial wurde dann mit einem Meißel fixiert. In die Aufsatzfläche des Meißels war der Oberstempel als Bildnegativ eingraviert, es entsprach der Rückseite der Münze, dem Revers. Mit einem Hammer trieb man den Meißel in das Trägermaterial und dieses zugleich in den Unterstempel hinein.

Bereits im 3. Jahrtausend vor Christus gab es in China erste münzähnliche Kupferstücke. Die ersten Goldmünzen wurden von den Lydern Mitte des 7. Jahrhunderts vor Christus eingeführt, sie trugen das königliche Siegel und zeigten bereits bildliche Darstellungen. Bis etwa 400 vor Christus setzte sich die Münze als Zahlungsmittel auch in Griechenland durch. Wichtigster Rohstoff für die Münzherstellung war Silber, für kleinere Scheidemünzen verwendete man aber auch Kupfer.

Die ersten Kupfermünzen der römischen Republik stammen aus dem 3. Jahrhundert vor Christus. Um 187 vor Christus setzte mit dem Denar auch die Silberprägung in Rom ein. Aus der Kaiserzeit sind Münzen aus Gold, Silber, Messing, Bronze und Kupfer überliefert. Die frühen bildlichen Darstellungen zeigen die Welt der Götter und Herrscherporträts. Das erste Porträt eines lebenden Kaisers auf einer römischen Münze war das Bildnis Julius Cäsars um 44 vor Christus.

Lydischer Löwe
Goldmünze, um 600 v. Chr., Lydien in Kleinasien (Türkei)
Die Lyder prägten vermutlich die ersten Goldmünzen und verwendeten als Erste beidseitig geprägte Münzen als Zahlungsmittel. Der wesentliche Vorteil des Münzwesens gegenüber dem Tauschhandel lag in der Wertbeständigkeit des Edelmetalls, das als Träger- und Speichermedium diente.

Der Begriff »Mittelalter« bezeichnet die Zeitspanne zwischen der Antike und der Frühen Neuzeit in Europa. In Abhängigkeit vom Forschungsgebiet datiert der Beginn des Mittelalters zwischen 600 und 700; das Ende der Epoche wird in Abhängigkeit von bestimmten historischen Ereignissen zwischen 1450 und 1520 angesetzt. Medienhistorisch betrachtet, markiert die Erfindung des Buchdrucks mit beweglichen Lettern und der Einsatz einer Druckerpresse durch Johannes Gensfleisch, genannt Gutenberg, um 1450 den Beginn der Frühen Neuzeit.

Die Mediengeschichte des frühen Mittelalters ist gekennzeichnet durch den Verfall der lateinischen Hochkultur in Sprache und Schrift. Viele antike Schriftensammlungen und Bibliotheken fielen Bränden oder Kriegen zum Opfer. Im 4. Jahrhundert wurde die berühmte Bibliothek von Alexandria zerstört. Zu dieser Zeit existierten in Rom etwa 30 öffentliche Bibliotheken; keine von ihnen vermochte den Zusammenbruch des Reiches im 5. Jahrhundert zu überdauern. Gleichzeitig begannen sich in der Spätantike verschiedene Volkssprachen und Mundarten phonetisch und grammatikalisch von der lateinischen Hochsprache zu entfernen. Da das Volk kein Latein mehr sprach und die Mehrheit der Bevölkerung des Lesens und Schreibens nicht kundig war, entwickelte sich das Hochlatein mehr und mehr zur reinen Gelehrtensprache der Kleriker und Juristen. Es setzte sich als Schriftsprache für kirchliche und weltliche Handschriften in ganz Europa durch.

Manuskript
Pergament, Ende
13. Jahrhundert

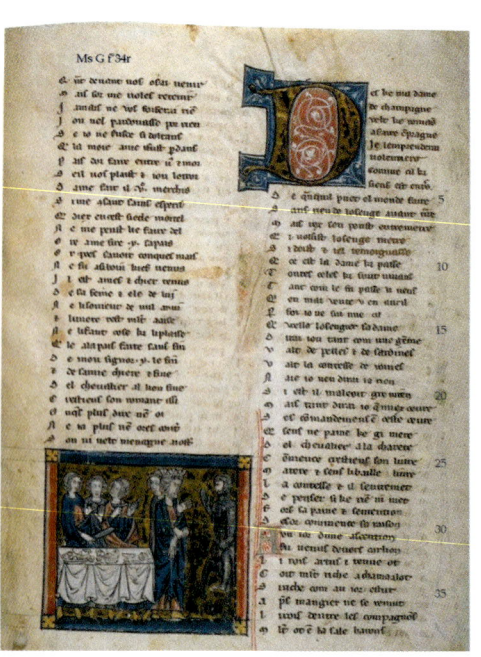

Handschriften

Die mittelalterliche Bildungsge-
schichte des 7. bis 11. Jahrhunderts
war untrennbar mit Skriptorien,
Bibliotheken, Kloster- und Dom-
schulen verbunden. Mittelalterliche
Klosterbibliotheken waren nicht
öffentlich zugänglich und verfügten maximal über einige Hundert
Handschriften. Ausgewählte Handschriften wurden in den Schreib-
stuben der Klöster für den eigenen
Gebrauch oder für Auftraggeber
kopiert. Als Beschreibstoff diente
vorwiegend Pergament.

Die Manuskripte in Buchform,
die Kodizes, wurden zum Teil sehr
aufwändig gestaltet. Neben ver-
schiedenfarbig gefassten Texten
gehören Miniaturen, kleine Bilder,

die das Geschriebene veranschaulichen sollten, sowie
phantasievoll gestaltete Randleisten und Initialen zu
den herausragenden Gestaltungsmitteln. Manche
Prachtbände enthalten ganzseitige Miniaturen geist-
licher oder weltlicher Herrscher. An der Hofschule
Karls des Großen in Aachen wurden zu Beginn des
9. Jahrhunderts vorwiegend kirchliche Texte zum litur-
gischen Gebrauch farbig illustriert und mit prächtigen
Einbänden aus Textilien, Holz, Leder, Elfenbein oder
Edelmetallen versehen. Die Einbände wurden häufig
plastisch gestaltet und mit Edelsteinen, Halbedelsteinen und Edelmetallapplikationen geschmückt. Die
Herstellung eines solchen Prachtbandes konnte mehrere Jahre in Anspruch nehmen.

Das Medium Handschrift war im frühen Mittelalter
ein seltenes und wertvolles Gut, das vorwiegend in den
Skriptorien der Klöster produziert und in den angeglie-
derten Bibliotheken verwahrt wurde. Ihrer Funktion
nach dienten die Manuskripte eher dem Erhalt als der
Vermittlung von Informationen. Darüber hinaus kam

Buchdeckel
Gold, Email, Edelsteine
und Elfenbein, Ende
10. Jahrhundert
Der Einband des Ada-
Codex, ein herausragen-
des Beispiel ottonischer
Goldschmiedekunst,
zeigt die Taufe Christi.

Manuskript
Als Handschrift oder
Manuskript (von lat.
manu scriptum, »von
Hand Geschriebe-
nes«) wurden im
Mittelalter hand-
schriftliche Werke
verschiedenster Art
bezeichnet, ob in
Buchform, als Urkun-
de oder als Brief.

Apostel Paulus im Skriptorium
Miniatur in einem Manuskript aus dem 11. Jahrhundert, Byzanz

den Handschriften sowohl im sakralen als auch im profanen Kontext eine herausragende Stellung als Macht- und Herrschaftszeichen zu.

Erst im 11. Jahrhundert ging die Buchproduktion allmählich auf kommerzielle Berufsschreiber über. Zu ihrem Aufgabenbereich gehörte beispielsweise das Kopieren von Lehrtexten. In den ersten Universitäten, die im 11. Jahrhundert in Italien entstanden, verwaltete man die Lehrtexte zentral und gab sie in einzelnen Lagen an Berufsschreiber weiter, die sie vervielfältigten und in Sammelhandschriften zusammenfassten. Bei den Sammelhandschriften handelt es sich um heterogene Manuskripte, die Werke unterschiedlicher Autoren, nach Gattungen oder Themen geordnet, enthalten.

Auch literarische Werke des Mittelalters sind in solchen Sammelhandschriften überliefert. Insbesondere aus dem hohen Mittelalter, als die Produktion von Manuskripten, die im höfischen Kontext standen, deutlich zunahm, stammt eine Vielzahl von Minneliedern, Gedichten, Anekdoten, Schwänken und Berichten, die in solchen Handschriften zusammengefasst sind. Auch sie wurden teilweise als Bilderhandschriften mit Miniaturen ausgestattet und mit prachtvollen Einbänden versehen. Zu den bedeutendsten höfischen Liederhandschriften gehört der »Codex Manesse«, der nach 1300 entstand.

Die höfischen Bilderhandschriften wurden in der Regel von Schreibern und Malern außerhalb der klösterlichen Skriptorien ausgeführt. Ihren Höhepunkt erreiche die Buchmalerei um 1400 in den Niederlanden, in Frankreich und im Burgund. Zu den herausragenden Werken gehören die »Très Belles Heures« des Herzogs von Berry, Stundenbuch, Mess- und Gebetbuch, an denen so bedeutende Künstler wie die Gebrüder Limburg und Jan van Eyck arbeiteten.

Als Beschreibstoff für die Handschriften begann sich im 14. Jahrhundert das Papier durchzusetzen, das größtenteils aus pflanzlichen Fasern hergestellt und vorzugsweise in hochrechteckigem Format, als Blatt, verwendet wurde. Vermutlich hat das Papier, in Form von Blatt oder Rolle, als Träger- und Speichermedium seinen Ursprung bereits um 100 vor Christus in China, ab dem 5. Jahrhundert ist der Gebrauch von Papier am chinesischen Hof belegt. Die überlieferten Rezepturen differieren, bevorzugte Rohstoffe waren Lumpen und Pflanzenfasern. Zur Papierherstellung wurden die gesäuberten Fasern und Stoffe zerstampft, gekocht und anschließend in dünnen Lagen mit einem Sieb abgeschöpft. Das Rohmaterial wurde anschließend getrocknet, gepresst, geglättet und beschnitten. Mediengeschichtlich betrachtet ist das so produzierte Schreibpapier in Blattform der wichtigste Papiertyp. Mitte des 8. Jahrhunderts gelangte die Technik der Papierherstellung in die arabische Welt, von da um 1100 nach Spanien und anschließend nach Mitteleuropa. Die ersten Papiermühlen in Deutschland entstanden etwa 200 Jahre später, eine der frühesten Produktionsstätten ist die 1390 in Nürnberg gegründete »Gleismühl«. Bis Ende des 16. Jahrhunderts hat-

Walther von der Vogelweide
Miniatur aus dem Codex Manesse (Manessische Liederhandschrift oder Große Heidelberger Liederhandschrift), um 1305 bis 1340.

Der Papyrer
Der Holzschnitt von
1568 zeigt den »Papy-
rer«, wie er mit einem
rechteckigen Sieb
Papierbrei aus einem
Bottich schöpft.

Urkunde
Pergament, 1394,
Conthey (Schweiz)
Schriftrolle aus einem
Laiennotariat zu land-
wirtschaftlichen The-
men.

ten sich im deutschsprachigen Raum
rund 200 Papiermühlen etabliert.

Mit der Ausbreitung der Schriftlichkeit
und dem im Hochmittelalter wachsenden
Bedarf an Handschriften für den profanen
Bereich gewann das Papierblatt zunehmend an Bedeutung. Als Beschreibstoff
konnte Papier in großen Mengen vergleichsweise schnell und kostengünstig
produziert werden. Mit dem Beginn der
Buchdruckerkunst Mitte des 15. Jahrhunderts wurde die Handschriftenproduktion
und mit ihr auch das Pergament als Trä-
ger- und Speichermedium verdrängt, es
blieb jedoch noch bis ins 17. Jahrhundert zur Herstellung besonders hochwertiger Bücher in Gebrauch.

Urkunden

Mediengeschichtlich stehen mittelalterliche Urkunden
(von althochdt. *urchundi*, »Erkenntnis«, »Zeugnis«),
die einen bestimmten Tatbestand oder Sachverhalt
fixieren, in der Tradition der antiken Rechtspraxis. Bereits im Imperium Romanum waren beglaubigte Urkunden rechtsverbindlich.

Während des frühen Mittelalters war das römische
Recht weitgehend in Vergessenheit geraten. Als Zeugnis für Vorgänge im juristischen Bereich
setzten sich einfache und flexible Formen
der Beurkundung durch, die den Rechts-
akt in Kurzform dokumentierten. Mittelalterliche Urkunden waren häufig an
einen festen Kanon und an Formeln gebunden. Im Laufe des 11. Jahrhunderts
und mit dem Entstehen eines professionellen Laiennotariats in der zweiten Hälfte des 12. Jahrhunderts wurden diese
Urkundenmodelle mit Elementen aus der
mündlichen Rechtspraxis in Form der
öffentlichen Ausrufung kombiniert. So
entstand eine neue, eigenständige Urkun-

dentradition, die in Sprache und Form von der lateinischen Rechtskultur abwich. Parallel hierzu erlebten antike Formen der privaten und der öffentlichen Urkunde eine Renaissance, da zu Beginn des 11. Jahrhunderts wichtige juristische Handschriften aus der Antike wiederentdeckt wurden.

Beweiskraft kam vorrangig den öffentlichen Urkunden zu, die von einer geistlichen oder weltlichen Instanz beglaubigt waren. Dies geschah durch das Siegeln des Dokuments, ab dem 15. Jahrhundert auch durch die eigenhändige Unterschrift dieser geistlichen oder weltlichen Instanz. Als öffentliche Urkunden galten insbesondere die Herrscherurkunden, wie Papst-, Kaiser- und Königsurkunden. Als Träger- und Speichermedium für öffentliche Urkunden setzte sich im frühen Mittelalter zunächst das Pergament gegen den Papyrus durch. Es wurde ab dem 14. Jahrhundert, zuerst im Bereich der privaten Urkunden, durch das Papier verdrängt. Zu den privaten Urkunden zählten unter anderem Kloster-, Stadt- und Geschäftsurkunden. Glaubwürdigkeit erhielten private Urkunden durch die Unterschrift eines Notars, der diese in seiner Kanzlei ausstellte. Ab dem 13. Jahrhundert wurde es allgemein üblich, auch private Urkunden durch persönliche Siegel zu beglaubigen. Stadtsiegel sind bereits seit dem Anfang des 12. Jahrhunderts bekannt.

Fälschungen
Ebenso wie Münzen und Briefe wurden auch Urkunden und Rechtstexte im Mittelalter in großem Umfang gefälscht. So erwiesen sich bei der Untersuchung von etwa 200 Urkunden aus der Zeit der Merowinger zwei Drittel als Fälschungen.

Siegel
Siegelstempel und Siegelringe dienten im Mittelalter, wie bereits in der Antike, nicht nur zur Authentifizierung und zur Beglaubigung von schriftlichen Dokumenten, sondern auch zur Sicherung von Gegenständen. Siegel vermittelten über das Trägermaterial und die darin gespeicherte Text- und Bildebene Informationen über den Auftraggeber beziehungsweise den Verfasser einer Urkunde oder den Absender eines Gegenstandes.

Die Gestaltungsmöglichkeiten und die verwendeten Materialien für Siegelstempel und Siegelringe waren vielfältig. Vorwiegend wurden die Siegelstempel, wie

Siegelringe
Wie bereits im Altertum und in der Antike waren auch im Mittelalter Siegelringe aus Gold, Silber, Messing oder Bronze gebräuchlich. In vielen Fällen setzten die Goldschmiede geschnittene Steine, bisweilen auch antike Gemmen, in die Ringe ein. Erst seit Ende des 9. Jahrhunderts tragen die Bildnisse der königlichen Siegelführer in Europa individuelle Züge.

die Münzstempel, aus Metall gefertigt. Mit einem Griff versehen werden sie »Petschaft« genannt. Die Ausformung der Siegelstempel differierte, Rundsiegel wurden bevorzugt von weltlichen Herrschern eingesetzt, geistliche Instanzen siegelten rund oder spitzoval.

Als Herrschaftszeichen gelten die überlieferten Metallsiegel, für die Blei oder Gold als Trägermaterial verwendet wurde. Im Gegensatz zu den Wachssiegeln, die einseitig oder beidseitig gesiegelt waren, je nachdem, ob sie einer Urkunde angehängt oder auf den Beschreibstoff aufgebracht wurden, waren Metallsiegel immer beidseitig gesiegelt und mit Fäden, Schnüren oder Pergamentstreifen an der Urkunde befestigt. Entspricht bei einem Metallsiegel die Größe des Bildes auf der Rückseite der Größe des Bildes auf der Vorderseite, handelt es sich um ein so genanntes Münzsiegel.

Mit Metallsiegeln aus Blei wurden seit dem hohen Mittelalter unter anderem die päpstlichen Bullen gesiegelt, bedeutende Urkunden, die ihren Namen von der Metallkapsel (lat. *bulla*) erhielten, die das Siegel schützte und ebenfalls aus Blei gefertigt war. Ihre Vorderseite zeigte den amtierenden Papst, die Rückseite zumeist die Porträts von Petrus und Paulus. Weniger wichtige Briefe und Dokumente wurden von den Päpsten mit Siegelringen beglaubigt. Der »Fischersiegelring«, seit dem 14. Jahrhundert Amtsring und Hoheitszeichen des Papstes, trägt den Namen des jeweiligen Amtsinhabers und zeigt Petrus als Menschenfischer im Boot. Erst im 19. Jahrhundert wurde das Papstsiegel durch den Papststempel ersetzt.

Münzsiegel Kaiser Friedrichs III.
nach 1452
Das Siegel zeigt Friedrich III. als Kaiser des Heiligen Römischen Reiches Deutscher Nation mit den Reichsinsignien Krone, Zepter und Reichsapfel.

Die bekannteste weltliche Urkunde des Mittelalters ist die »Goldene Bulle«. Dabei handelt es sich um einen der bedeutendsten Gesetzestexte des Heiligen Römischen Reiches, der die Wahl und die Krönung der römisch-deutschen Könige durch die Kurfürsten regelte. Mitte des 14. Jahrhunderts unter Kaiser Karl IV. in lateinischer Sprache verfasst, erhielt das »Kaiserliche Rechtbuch« im 15. Jahrhundert den Namen »Goldene Bulle« nach der goldenen Kapsel, die das angehängte

Siegel schützt. Die Goldsiegel, die in erster Linie Kai-
sern und Königen vorbehalten waren und von den
Päpsten erst im 15. Jahrhundert nachweislich verwendet wurden, zeigen neben Namenszügen, Wahlsprü-
chen und anderen Inschriften auf der Vorderseite das
Porträt des jeweiligen Herrschers oder die Darstellung
des thronenden Souveräns mit den Reichsinsignien.
Auf der Rückseite erschien im frühen Mittelalter eine
stilisierte Darstellung der Stadt Rom, später der jeweilige Sitz des Herrschers, im hohen Mittelalter dann
erste Wappendarstellungen.

Parallel oder ergänzend zu den Metallsiegeln wurde
von allen Ständen auch mit Wachs gesiegelt. Da reines
Bienenwachs zu weich war, wurde es durch Zusatz-
stoffe gehärtet und gleichzeitig gefärbt. Im hohen Mittelalter siegelten weltliche Herren mit rotem, geistliche mit grünem und freie Reichsstädte mit weißem
Wachs. Schwarzes Wachs wurde vom Patriarchen von
Jerusalem verwendet und von den geistlichen Ritter-
orden übernommen.

Münzen

Die Anzahl der Münzen, und damit die Menge der ge-
prägten oder gegossenen Zahlungsmittel, ging im frühen Mittelalter in Europa stark zurück. Im Gegenzug

spielte der Tauschhandel wieder eine wachsende Rolle; auch ungemünztes Metall diente als Zahlungsmittel. Die Mehrzahl der im Umlauf befindlichen Münzen waren Kopien nach römischen Vorbildern.

Im fränkischen Reich wurde im 8. Jahrhundert die Silberwährung eingeführt. Der Denar, auch Silberpfennig genannt, war die neue Währungseinheit. Die entsprechende Münzordnung setzte Karl der Große im gesamten Heiligen Römischen Reich durch. Die Zahl der Münzstätten verdoppelte sich während seiner Regierungszeit auf 80, darunter waren Köln, Bonn, Mainz, Worms und Speyer. Neue Münzen wurden nur anlässlich bedeutender historischer Ereignisse herausgegeben, wie dem Sieg über die Langobarden oder der Kaiserkrönung in Rom. Jede geprägte Münze trug das stilisierte Bildnis Karls des Großen sowie seinen Namen und Titel.

Unter den späten fränkischen und sächsischen Herrschern verlor die Münzordnung zunehmend an Bedeutung und Verbindlichkeit, das ursprünglich königliche Münzrecht ging auf weltliche und geistliche Würdenträger über, die eigene Prägungen festlegten und auch die Zusammensetzung des Trägermaterials selbst bestimmten. Infolgedessen gab es im hohen und späten Mittelalter eine Vielzahl unterschiedlicher Pfennigprägungen mit zum Teil erheblich reduziertem Silbergehalt. Ab Mitte des 12. Jahrhunderts bis ins 14. Jahrhundert dominierten fast im gesamten deutschsprachigen Raum dünne, einseitig geprägte Silberpfennige das Münzwesen. Bedingt durch den zunehmenden Handel und Verkehr wurde im 13. Jahrhundert, ergänzend zum entwerteten Silberpfennig, der Groschen eingeführt. Beim Groschen handelt es sich um eine größere Münze aus massivem Silber, die im Wert 12 Pfennigen entsprach.

Goldmünzen spielten bis ins hohe Mittelalter eine untergeordnete Rolle, erst im 13. Jahrhundert setzte die Goldprägung verstärkt ein. Im zweiten Viertel des 14. Jahrhunderts begann man in mehreren deutschen Fürstentümern mit der Prägung des Goldguldens nach

Goldgulden
um 1400, geprägt in Frankfurt am Main Münze des Mainzer Erzbischofs Johann II. von Nassau. Das Avers der Münze zeigt Johannes den Täufer mit Kreuzzepter, das Revers trägt das nassauische Wappen und die Schilde von Kurmainz, Kurköln, Kurtrier sowie Bayern für die Kurpfalz.

Florentiner Vorbild. Diese von der Münzordnung abweichende Entwicklung wurde in der »Goldenen Bulle«, die Mitte des 14. Jahrhunderts unter anderem auch das Münzrecht der Kurfürsten bestätigte, nachträglich legitimiert.

Postwesen

Nach dem Zerfall des Weströmischen Reiches existierte in Europa kein funktionierendes System zur Nachrichtenübermittlung und zum Transport von Kleingütern mehr. Die optischen und akustischen Methoden, die in der Antike zur Signalübertragung dienten, erlebten keine Weiterentwicklung. Die Pferdepost war das einzig verbleibende Transportmedium, das übernommen und diversifiziert wurde.

Im arabischen Reich, das sich von Persien bis nach Spanien erstreckte, existierten im frühen Mittelalter noch sehr gute Postverbindungen, die ausgebaut werden konnten. Im Heiligen Römischen Reich hingegen mussten zu Beginn der Herrschaft Karls des Großen viele Transportwege neu angelegt werden. Über die Einrichtung von Rast- und Pferdewechselstellen entlang der Hauptverkehrsadern versuchte man, das Postwesen zu stützen. Ein einheitliches staatliches Nachrichtenwesen ließ jedoch noch auf sich warten und so entstanden zunächst zahlreiche voneinander unabhängige Botensysteme zur Übermittlung von Nachrichten und zum Transport von Kleingütern im Reichsgebiet: Die Ritter des Deutschen Ordens unterhielten ab 1275 ein eigenes Nachrichtennetz, in dessen Zentrum der Ordenssitz Marienburg lag. Von den großen Handelshäusern wurde die Kaufmannspost eingerichtet, die ebenfalls über eigene Botenposten verfügte. Auch die Klöster griffen auf ein eigenes System zur Nachrichtenübermittlung zurück, um die Verbindung nach Rom aufrechtzuerhalten. Im hohen Mittelalter entstanden zahlreiche neue Nachrichtennetze, so unterhielten die Freien Reichsstädte eigene Botensysteme ebenso wie die großen Gilden, Stände, Behörden und Universitäten.

Die »Frühe Neuzeit« umfasst die Zeit zwischen dem ausgehenden Mittelalter und der Moderne. In allen Bereichen der Gesellschaft vollzogen sich in diesem Zeitraum tief greifende Veränderungen. Es ist die Epoche der Entdeckungsreisen und Reformbewegungen. Technische Innovationen und eine Zunahme der Schriftlichkeit beschleunigten die Entwicklungen in Politik und Gesellschaft. In Abhängigkeit von historischen Ereignissen datiert die Geschichtswissenschaft den Anfang der Frühen Neuzeit um die Wende vom 15. zum 16. Jahrhundert. Medienhistorisch betrachtet steht die Erfindung des Buchdrucks um 1450 am Beginn dieser Epoche. Ihren Endpunkt markiert die Französische Revolution Ende des 18. Jahrhunderts.

Die Erfindung des Buchdrucks mit beweglichen Lettern durch Johannes Gutenberg gehört zu den bedeutendsten Leistungen der europäischen Kulturgeschichte. Durch die Entwicklung neuer Produktionstechniken konnte sich das Medium Buch in den folgenden Jahrhunderten als Massenmedium etablieren. Ergänzend hierzu entwickelten sich Druckerzeugnisse wie Zeitungen, Plakate und Handzettel zu effizienten Träger- und Speichermedien, die der Verbreitung aktueller Nachrichten, aber auch der Werbung und Propaganda dienten. Ohne die Entgrenzung der medialen Vermittlung ist die Veränderung des gesamten politisch-sozialen Systems ebensowenig vorstellbar wie letztendlich die revolutionären Ereignisse am Ende des 18. Jahrhunderts.

Holzschnitt und Kupferstich

In der Zeit des Übergangs vom späten Mittelalter zur Frühen Neuzeit hatten sich bereits verschiedene Drucktechniken etabliert. Diese waren jedoch für die Massenproduktion nicht geeignet und blieben vorrangig dem Druck von bildlichen Darstellungen vorbehalten. Zu diesen Techniken zählten der Holzschnitt und der Kupferstich.

Der Formschneider
Holzschnitt, 1568
Die Abbildung aus dem »Ständebuch« des Nürnberger Künstlers Jost Amman zeigt den »Formschneider«, der einen hölzernen Druckstock bearbeitet.

Der Holzschnitt ist eine grafische Drucktechnik, bei der ein hölzerner Druckstock eingesetzt wird. In Europa lässt sich die Verwendung solcher Holzstempel zum Bedrucken von Stoffen bereits im 12. Jahrhundert belegen. In Deutschland ist diese Technik seit dem 14. Jahrhundert bekannt. Die Herstellung eines Druckstocks erfolgt mittels Schneidemessern, mit denen in ein hölzernes Stempelbrett Text- und Bildinformationen eingeschnitten werden. Nach dem Glätten und Einfärben der erhabenen Bereiche werden die Informationen im Hochdruckverfahren auf einen Bildträger aufgebracht. Als Träger- und Speichermedium dienen vorrangig Pergament- und Papierblätter. Der Abdruck erfolgt per Handabreibung, per Walze, Bürste oder mit Hilfe eines Falzbeins. Vor jedem Druckvorgang wird

Nürnberger Chronik
Holzschnitt, 1493, Nürnberg
Hartmann Schedel, Nürnberger Humanist und Historiker, veröffentlichte 1493 seine Weltchronik, die vor allem durch die Holzschnitte aus der Werkstatt von Michael Wolgemut berühmt wurde. Blatt CCLXVIII verso zeigt Papst Pius II. und Kaiser Friedrich IV.

Albrecht Dürer:
Hieronymus im Gehäus
Kupferstich, 1514
Der deutsche Maler,
Zeichner und Kupfer-
stecher Albrecht Dürer
erlangte auch als Kunst-
theoretiker und Wegbe-
reiter neuer Techniken
und Verfahren in der
Kunst Weltruhm.

der Druckstock erneut eingefärbt. Auf Grund seiner Materialbeschaffenheit muss er häufig nachgearbeitet beziehungsweise ausgetauscht werden.

Zu Beginn des 15. Jahrhunderts waren Einblattholzschnitte auf Papier, die im religiösen Kontext standen, weit verbreitet. Die »Pestblätter« beispielsweise zeigen Darstellungen von Heiligen, die als Helfer gegen die Krankheit angerufen und verehrt wurden. Die so genannten Bilderbogen verbinden Bildfolgen mit kurzen Texten, oft in Versform. Sie wurden auf Jahrmärkten, Festen und vor den Kirchenportalen verkauft. Bilderbogen sind zu den unterschiedlichsten Themen überliefert und dienten der Information und Belehrung, der Erbauung und Andacht oder der Belustigung. Die Texte zu den Bildern wurden anfänglich mit separaten Druckstöcken aufgebracht. In der zweiten Hälfte des 15. Jahrhunderts entstanden die so genannten Blockbücher, bei denen Text und Bild für jede Seite in einen Holzblock geschnitten wurden. Die Blätter konnten jeweils nur von einer Seite bedruckt werden und wurden an den Rückseiten zusammengeklebt.

Zu den bedeutendsten frühen Zeugnissen deutscher Buchdrucker- und Holzschnittkunst gehört die »Nürnberger Chronik«, die als »Schedelsche Weltchronik« bekannt geworden ist. Hartman Schedel, Humanist und Historiker, stellt darin die Geschichte der Welt in sieben Zeitaltern dar. Das Werk, das 1493 in einer Auflage von mehr als 2.000 Exemplaren in einer lateinischen und einer deutschen Ausgabe erschien, enthält auf mehr als 600 Seiten etwa 1.800 Holzschnitt-Illustrationen.

Die Kupferstichtechnik wurde im ersten Drittel des 15. Jahrhunderts in Deutschland erstmalig eingesetzt. Beim Kupferstich werden die Text- und Bildinformationen mit einem Grabstichel in eine Kupferplatte graviert. Anschließend wird die Platte eingefärbt und das Abbild auf einen Bildträger, vorzugsweise ein Blatt Papier, übertragen. Da der Kupferstich, anders als der Holzschnitt, zu den grafischen Tiefdruckverfahren gehört, bei denen die druckenden Elemente in der Druckform vertieft liegen, war er mit dem Hochdruck der Buchstaben nicht kompatibel. Infolgedessen entwickelte er sich unabhängig vom Medium Buch. Der Kupferstich blieb also vorrangig grafischen Einzeldarstellungen, die im religiösen oder historischen Kontext standen, vorbehalten. Zu den bedeutendsten Künstlern und Kupferstechern des 15. Jahrhunderts gehörten der Meister E. S., Martin Schongauer und Albrecht Dürer.

Bücher

Durch die Erfindung des Drucks mit beweglichen Lettern wurden die handschriftlich erzeugten Medien, die Manuskripte, im 15. Jahrhundert zurück gedrängt. Das Medium Buch als Druckausgabe mit schlichtem Dekor oder Illustrationen in Form von Druckgrafiken setzte sich durch. Nur wenige exklusive bibliophile Einzelstücke wurden weiterhin von Hand gefertigt und ausgestaltet. Das Papier als Beschreibstoff dominierte. Für Manuskripte und besonders hochwertige Bücher blieb aber auch in der Frühen Neuzeit weiterhin Pergament im Gebrauch.

    Beim klassischen Buchdruck handelt es sich um ein Hochdruckverfahren mit beweglichen Lettern aus Metall, das durch Johannes Gutenberg Mitte des 15. Jahrhunderts etabliert wurde. Aufbauend auf den bereits bekannten Reproduktions- und Druckverfahren entwickelte Gutenberg neue Techniken zur Herstellung von Schrift-, Interpunktions- und Sonderzeichen. Dabei wurde zuerst, wie bei der Herstellung eines Stempels, aus einem Stahlstift das entsprechende Zeichen geschnitten. Diese Patrize schlug man dann, mit Hilfe ei-

Johannes Gutenberg
Eigentlich Johannes Gensfleisch zur Laden zum Gutenberg, 1397/ 1400–1468, Erfinder, Buchdrucker und Verleger. Gutenberg gilt als Erfinder des Buchdrucks mit beweglichen Lettern in Europa. In Asien wurde diese Drucktechnik bereits 200 Jahre zuvor angewendet.

nes Hammers, in einen Block aus weicherem Metall, beispielsweise Kupfer. Die so entstandene Matrize wurde nachbearbeitet und diente später als Gussform.

Mit Hilfe eines Handgießinstruments, das Gutenberg selbst entwickelt hatte, wurden die einzelnen Buchstaben und Zeichen gegossen. Das Handgießinstrument bestand aus zwei Teilen, die einen Gießkanal umschlossen, an dessen Ende man die Matrize einspannte. Die Matrize wurde mit flüssigem Gussmetall, einer Legierung aus Blei, Zinn, Antimon und Wismut oder Kupfer, gefüllt. War das Metall erkaltet, konnten die Gusszapfen entfernt und die Buchstaben und Zeichen beschliffen und begradigt werden. Eine Sollbruchstelle war der Garant dafür, dass alle Lettern auf gleicher Höhe abschlossen und so ein ebenmäßiges Schriftbild erzielt werden konnte.

Aufbewahrt wurden die Drucktypen in speziellen Setzkästen, in denen für jeden Buchstaben und jedes Zeichen ein bestimmtes Fach vorgesehen war. Dem Druckvorgang gingen die Auswahl und das Setzen der Lettern voraus. Diese wurden seitenverkehrt im Winkelhaken nebeneinander gestellt. Der Winkelhaken war ein von zwei Seiten begrenztes Brettchen, das einer Zeilenlänge entsprach. Mit Hilfe von Doppelbuchstaben, Abkürzungen und Sonderzeichen erreichte man eine gleichmäßige Zeilenlänge, den so genannten Blocksatz. Waren drei Zeilen gesetzt, wurden sie auf

Setzkasten
Die Lettern werden in hölzernen Kästen aufbewahrt.

das Schiffchen gelegt, der Satz in der Druckform zusammengefügt und anschließend in die Presse eingespannt.

Zum Drucken verwendete Gutenberg eine Spindelpresse aus Holz. War der Satz in der Presse fixiert, wurde er mittels des Druckerballens eingefärbt. Der Druckerballen, ebenfalls eine Erfindung Gutenbergs, war ein pilzförmiger Ballen, mit Rosshaar gefüllt und mit Leder überzogen, der an einem Stab befestigt wurde. Da die bis dahin bekannten Tinten und Farben zum Druck ungeeignet waren, verwendete Gutenberg eine spezielle Druckfarbe, bestehend aus Lampenruß und Firnis. In den Rahmen der Presse wurde dann ein Bogen angefeuchtetes Papier oder auch Pergament gelegt und der Rahmen geschlossen. Anschließend konnte der Schlitten unter den Drucktiegel gefahren und der so genannte Pressbengel angezogen werden, wodurch sich eine hölzerne Spindel nach unten bewegte und das Blatt auf den Satz presste. Infolge des hohen Drucks und der Geschwindigkeit konnte ein gleichmäßiges, farbintensives Druckbild erzeugt werden. Um zu gewährleisten, dass sich die Zeilen auf der Vorderseite des Blattes genau mit den Zeilen auf der Rückseite deckten und nicht durchschienen, der Druck also Register hielt, fixierte Gutenberg die Bögen beim Druck der Vorderseite mit Nadeln. Die so entstandenen Punkturen, die bei einigen Exemplaren der »Gutenberg-Bibel« noch zu sehen sind, benutzte er dann beim Druck der Rückseite erneut zur Fixierung des Bogens.

Das vermutlich älteste erhaltene Druckbeispiel aus der Werkstatt Gutenbergs ist das »Fragment vom Weltgericht« oder »Mainzer Fragment«. Dabei handelt es sich um den Ausschnitt aus einer Mitte des 14. Jahrhunderts entstandenen Dichtung zum Jüngsten Gericht. Es folgen ein Fragment aus einer Lateinlehre, einem so genannten Donat, und einer der Zyprischen

Buchdruckerpresse
Der Holzschnitt ist um 1500 entstanden und zeigt eine der ältesten Darstellungen einer Buchdruckerwerkstatt: Der Druckgehilfe vorn bedient die Spindelpresse, sein Kollege hinter ihm hat zuvor mit Hilfe der Druckerballen die Form eingefärbt. Auf der rechten Seite sieht man den Setzer bei der Arbeit.

Inkunabeln
Bücher aus der Früh-
zeit des Buchdrucks,
die im Zeitraum
zwischen 1450 und
1500 entstanden
sind, werden Inkuna-
beln oder auch Wie-
gendrucke genannt.

Ablassbriefe, die Gutenberg im Auftrag des Fürst-
bischofs von Mainz fertigte.

Zu den ersten datierbaren Druckerzeugnissen gehört die »Gutenberg-Bibel« in lateinischer Sprache, die
Vulgata, entstanden 1454. Die 42-zeilige »Gutenberg-
Bibel« oder auch »B 42« ist das bedeutendste Druck-
erzeugnis aus der Mainzer Gutenberg-Werkstatt und
steht am Beginn der Entwicklungsgeschichte des Mediums Buch in gedruckter Form. Sie wurde in einer
Auflagenhöhe von etwa 180 bis 200 Exemplaren hergestellt. 30 bis 40 dieser Bibeln wurden auf Pergament
gedruckt. Erhalten blieben davon 12, von den kosten-
günstigeren Papierdrucken 36 Exemplare. Die Mehrzahl der erhaltenen Gutenberg-Bibeln ist unvollstän-
dig. Ursprünglich hatten sie einen Umfang von 1.282
Seiten mit insgesamt zirka 3,5 Millionen Zeichen.

Gutenberg-Bibel
um 1454
An der Produktion der
42-zeiligen Bibel, die
mehr als zwei Jahre in
Anspruch nahm, waren
20 Mitarbeiter an bis zu
sechs Pressen beteiligt.
Illuminatoren und Rubri-
katoren sorgten an-
schließend in Handar-
beit für die Ausgestal-
tung mit roter Tinte und
für die farbenprächtigen
Initialen und Ranken.

Unter den frühen Druck-
erzeugnissen befindet sich auch
eine Vielzahl von Büchern, die
weltlichen und geistlichen Herrschern zur Propaganda dienten.
1454 beispielsweise erschien der
so genannte »Türkenkalender«,
ein Volkskalender in Buchform,
der in Reimen die Stände des
deutschen Reiches zum Kampf
gegen die Türken aufrief und in
der Gutenberg-Werkstatt gedruckt wurde. 1484 bestätigte
Papst Innozenz VIII. in einer
Bulle die Verbindung von Häre-
sie und Magie, auf der die 1487
in Speyer erschienene Schrift
»Malleus Maleficarum« basierte,
die als »Hexenhammer« bekannt
wurde. Der Hexenhammer ge-

Malleus Maleficarum
1669, Lyon
Der so genannte »He-
xenhammer« wurde von
den Dominikanern Hein-
rich Kramer und Jakob
Sprenger verfasst.

hörte zu den meist gelesenen Büchern der Frühen
Neuzeit und wurde bis ins 17. Jahrhundert 30-mal aufgelegt. Er enthält unter anderem Anweisungen zur
Durchführung der Hexenprozesse, die in Mitteleuropa
mehr als 50.000 Todesopfer forderten.

Der Klerus, der sich der gedruckten Medien bediente, hatte früh die Gefahr erkannt, die von der Verbreitung derjenigen Druckerzeugnisse ausgehen konnte,
die sich seiner Kontrolle entzogen. Bereits 1482 setzte
der Erzbischof von Mainz ein aus vier Professoren
gebildetes Kollegium von Zensoren zur Überwachung
der Druckereien ein. In der Auseinandersetzung von
Reformation und Gegenreformation spielten die Printmedien eine bedeutende Rolle. Es entstand eine Vielzahl von Flugblättern, die der Propaganda, aber auch
der Vermittlung religiöser und weltanschaulicher Vorstellungen dienten. Um 1520 erschienen die drei refor-
matorischen Hauptschriften Luthers »An den christlichen Adel deutscher Nation von des christlichen
Standes Besserung«, »De captivitate Babylonica eccle-

siae« (Von der babylonischen Gefangenschaft der Kirche) und »Von der Freiheit des Christenmenschen«. Daraufhin wurde der Reformator durch eine päpstliche Bannbulle exkommuniziert und im Wormser Edikt von 1521 die Reichsacht über ihn verhängt, die Verbreitung und die Lektüre seiner Schriften verboten und ihre Verbrennung angeordnet.

Die Verbreitung des Mediums Buch war jedoch nicht mehr aufzuhalten und der Inhalt der Druckschriften nur bedingt zu kontrollieren. In der zweiten Hälfte des 15. Jahrhunderts entstanden europaweit Druckereien nach dem Vorbild der Gutenberg-Werkstatt. Um 1500 waren in 200 Städten mehr als 1.000 Buchdruckereien in Betrieb, in denen mehr als 36.000 verschiedene Verlagswerke mit insgesamt etwa 12 Millionen Exemplaren gedruckt wurden. In den Werkstätten waren bis zu 100 Mitarbeiter an bisweilen mehr als 20 Pressen beschäftigt. Waren die ersten Besitzer von Druckwerkstätten noch Stempelschneider, Gießer, Setzer, Drucker und Verleger in einer Person, so setzte Ende des 15. Jahrhunderts eine zunehmende Arbeitsteilung und Spezialisierung ein. Schreiber entwarfen Musterbücher mit teilweise über 100 Schriftarten als Vorlagen und das Buchdruckergewerbe trennte sich vom Verlagsunternehmen als ein eigenständiger Geschäftszweig.

Voraussetzung dafür, dass sich das Buch zum Massenmedium entwickeln konnte, war die Verbreitung der Kulturtechnik des Lesens. Von den rund 13 Millionen Menschen, die um 1500 im deutschsprachigen Raum lebten, waren nur etwa 75.000 lesekundig. Einhundert Jahre später gab es in den vielen deutschen Staaten unter den nun rund 20 Millionen Einwohnern bereits um die 50.000 akademisch gebildete Leser und etwa 500.000 Lesekundige. Durch die Einführung der Schulpflicht im 18. Jahrhundert stieg die Alphabetisierungsrate an und lag um 1800 schon bei etwa 40 Prozent. Das gedruckte Buch konnte nun im Handel erworben, aber auch in öffentlichen Räumen und Bibliotheken genutzt werden.

Vorlagen- und Musterbücher
Die Vorlagen- und Musterbücher für die Buchgestaltung enthielten neben verschiedenen Schriftschnitten unter anderem Anleitungen zur Farbmischung sowie Beispiele für Ornamentierung und Farbwahl.

Das wachsende Informationsbedürfnis und die zunehmende Verfügbarkeit des Mediums führten zu einer Verschärfung der Verbots- und Zensurpraxis im 18. Jahrhundert. Trotz drohender Strafen waren verbotene Schriften im Umlauf. Im vorrevolutionären Frankreich konnten zwischen 1769 und 1789 über 700 Bücher nachgewiesen werden, die im »Index Librorum Prohibitorum« verzeichnet waren, darunter eine Vielzahl von Schriften der Aufklärer. Die Französische Revolution war also auch ein Ergebnis der Medienrevolution, die Mitte des 15. Jahrhunderts mit dem Buchdruck einsetzte.

Verbotenene Bücher
Der erste »Index Librorum Prohibitorum« entstand 1559 unter Papst Paul IV. Das »Verzeichnis der verbotenen Bücher« listete jene Schriften, deren Besitz, Vertrieb oder Lektüre Katholiken verboten war. Zuwiderhandlung wurde mit Exkommunikation bestraft, da die Bücher als unvereinbar mit der katholischen Glaubenslehre galten. Der Index wurde erst durch das Zweite Vatikanische Konzil 1965 aufgehoben. Die letzte Auflage verzeichnete zirka 6.000 Bücher.

Kleindrucke und Zeitungen

Mit der neuen Drucktechnik konnten nicht nur Bücher, sondern auch Zeitungen, Zeitschriften, Hefte und Kleindrucke wie offene Briefe, Prospekte, Anschläge, Flugblätter, Kalender, Bilderbogen, Handzettel und so weiter produziert werden. Vorwiegend handelte es sich dabei um Einzelblätter auf Papierbasis, die als preiswerte Alltagsmedien Holzschnitte und Kupferstiche ergänzten oder ablösten. Sie dienten schon in der Frühen Neuzeit vorrangig der Werbung und der Propaganda und waren weit verbreitet.

Bereits in der Gutenberg-Werkstatt entstanden diverse Kleindrucke, wie der Zyprische Ablassbrief zur Verteidigung Zyperns gegen die Türken. Er wurde Gutenberg 1455 vom Fürstbischof von Mainz in Auftrag gegeben und in hoher Auflage gedruckt. Den Käufern der Ablassbriefe versprach die Kirche einen Nachlass oder einen vollständigen Erlass der Strafen für ihre

Flugblatt
Holzschnitt, um 1535
Die frühen Flugblätter
dienten vorwiegend der
Erbauung oder der
Unterhaltung; hier zum
Beispiel sind Hasen
dargestellt, die über
Jäger und Mönche
richten.

Sünden. 1463 gab Papst Pius II. bei Johann Fust und
Peter Schöffer, die die Werkstatt Gutenbergs übernom-
men hatten, eine Kreuzzugsbulle gegen die Türken in
Auftrag. Sie ist das erste Druckwerk, das mit einem
Titelblatt versehen wurde.

1517 soll Martin Luther 95 Thesen, die ursprünglich
den Disput über die scholastische Theologie anregen
sollten, an das Hauptportal der Schlosskirche zu Wit-
tenberg angeschlagen haben. Als Anschlag bezeichnet
man schriftliche öffentliche Bekanntmachungen, für
die im deutschen Sprachraum 1578 erstmals die Verwendung des Begriffs Plakat (von mittelhochdt. *placke*,
»Fleck«) nachgewiesen wurde. Unter den Kleindru-
cken entwickelte sich der Anschlag, der bereits im alten Ägypten, in der Antike und im Mittelalter als Kommunikationsmedium eingesetzt wurde, zu einem mul-
tifunktionalen Massenmedium der Frühen Neuzeit.

Einer der ersten Anschläge dieser Epoche stammt
aus dem Jahr 1482 und wirbt für eine Neuausgabe der
Werke Euklids. 1518 wurde für die Lotterie »Glücks-
topf« ein Anschlag mit einem Holzschnitt von Erhard
Altdorfer gedruckt, einem der ersten namentlich bekannten Plakatkünstler. Ebenso warben Plakate für
Schausteller und Ärzte. Ab dem 17. Jahrhundert, parallel zur Entwicklung des Zeitungs- und Anzeigenwe-
sens, wurde verstärkt plakatiert. Die Anschläge dienten
vorrangig der Werbung, der Verbreitung von Nachrichten und der Propaganda. In Frankreich wurde die

Gefahr, die von diesem Medium ausging, zuerst erkannt; die Plakatierung in Zeiten politischer Unruhen wurde verboten, Zuwiderhandlung 1654 sogar unter Todesstrafe gestellt.

Seit der zweiten Hälfte des 15. Jahrhunderts wurden Nachrichten und Informationen nicht nur über Anschläge, sondern auch über Flugblätter verbreitet. Das Medium Flugblatt ist eine Erfindung der Frühen Neuzeit und diente, bis zur Reformation, weniger der Aufklärung und der Propaganda als der Erbauung und Unterhaltung. Die frühen kommerziellen Flugblätter, Vorläufer der Zeitungen, wurden an öffentlichen Plätzen und im Handel verkauft. Sie erschienen unregelmäßig und in Form von Einblattdrucken, die mit Holzschnitten illustriert waren.

Der Begriff *zidunge* (»Nachricht«) kann bereits im 14. Jahrhundert im Kölner Raum nachgewiesen werden. Aus dem Jahr 1502 ist das erste Blatt überliefert, das periodisch erschien, Nachrichten zusammenfasste und im Titel den Begriff »Zeitung« *(zeytung)* führte: »Newe zeytung von Orient und Auffgange«.

1605 erhielt der Straßburger Drucker Johann Carolus vom Magistrat der Stadt die Erlaubnis zur massenhaften Drucklegung seiner bis dahin nur handschriftlichen und in exklusiven Kreisen verbreiteten wöchentlichen Nachrichten. Unter dem Titel »Relation aller Fuernemmen und gedenckwuerdigen Historien« erschien noch im gleichen Jahr die erste deutschsprachige Wochenzeitung. Seine Informationen bezog Carolus vor allem aus dem Kommunikationsnetz der Reichspost. Die reitenden Postboten, die ihn mit Nachrichten belieferten, berichteten auch über wichtige aktuelle Ereignisse in der Region.

Das neue Medium zur Verbreitung von Informationen und Nachrichten etablierte sich in den folgenden Jahren auch in anderen deutschen Städten. Ab 1609 erschien in Wolfenbüttel ebenfalls eine Wochenzeitung, unter dem Titel »Aviso, Relation oder Zeitung«. 1618 gab es in Frankfurt am Main bereits drei konkurrierende Printprodukte. Mit der »Einkommenden Zei-

Die ersten Zeitungen
Die ersten Zeitungen waren nach heutigem Verständnis Boulevard-Blätter; sie thematisierten historische Ereignisse und Naturkatastrophen, aber auch Königskrönungen und Adelshochzeiten. Parallel hierzu konzentrierten sich die so genannten »Kaufmannsbriefe« auf wirtschaftlich und politisch relevante Berichte und Mitteilungen, die handschriftlich verfasst, vervielfältigt und versendet wurden. So informierten beispielsweise die »Fugger-Zeitungen« zwischen 1585 und 1605 über Börsenkurse oder Ereignisse entlang der Handelswege.

tung« erschien in Leipzig ab 1650 zum ersten Mal eine Tageszeitung mit sechs Ausgaben pro Woche. Alle Zeitungen waren auf minderwertigem Papier gedruckt und erschienen auf Einzelblättern oder ungebunden, auf ineinander gelegten Bögen.

Mit der Verbreitung des neuen Mediums war es nun erstmals möglich, sich regelmäßig und aktuell über das lokale Geschehen, politische Ereignisse und wirtschaftliche Entwicklungen zu informieren. Zu den frühen Abonnenten gehörten Vertreter der weltlichen und geistlichen Obrigkeit sowie Kaufleute und Händler. In bürgerlichen Kreisen wurden einzelne Zeitungsexemplare auch weitergereicht und vorgelesen, da die Alphabetisierungsquote niedrig und der regelmäßige Erwerb von Zeitungen im 17. Jahrhundert mit hohen Kosten verbunden war. Dies galt insbesondere auch für die Zeitschriften, die ab 1665 in Paris (»Journal des Sçavans«) und London (»Philosophical Transactions of the Royal Society«) erschienen. Die erste Zeitschrift im deutschsprachigen Raum, »Miscellanea curiosa medicophysics«, die 1670 in Leipzig herausgegeben wurde, war in lateinischer Sprache verfasst. Die erste deutschsprachige Zeitschrift wurde unter dem Titel »Neue Bibliothek« 1709 erstmals veröffentlicht.

Das neue Medium wurde von Produzenten und Kaufleuten bereits im 16. Jahrhundert als Werbeplattform genutzt. Die frühesten gedruckten Werbeanzeigen waren Angebotsverzeichnisse auf Handzetteln und Prospekten (von lat. *prospectus*, »Hinblick«), die Buchdrucker, Verleger und Händler ihren Druckerzeugnissen schon in der zweiten Hälfte des 15. Jahrhunderts beilegten. In den ersten Werbeanzeigen in den Zeitungen wurden Bücher und andere Printprodukte, wie Kalender, aber auch Schreibwaren und Lotterielose, beworben.

Bereits im 17. Jahrhundert etablierten sich neben den Werbeanzeigen in den Zeitungen und Zeitschriften spezielle Werbezeitungen. Diese so genannten »Intelligenzkomptoirs« waren Warenverzeichnisse, in die Hersteller und Händler ihr Angebot kostenpflichtig aufnehmen oder Lieferanten für bestimmte Produkte suchen lassen konnten. Bald wurden diese Verzeichnisse vervielfältigt und verkauft. Das gesamte »Intelligenzwesen« stand unter staatlicher Kontrolle und ein Teil der erzielten Einnahmen musste an die Staatskasse abgeführt werden. 1727 verfügte der preußische König die Trennung von Intelligenzwesen und Zeitungswesen, Anzeigen durften nun in Zeitungen und Zeitschriften nicht mehr erscheinen. Der Anzeigenmarkt wurde zum staatlichen Monopol.

Zu preiswerten Massenmedien konnten sich Zeitungen und Zeitschriften erst in der zweiten Hälfte des 19. Jahrhunderts entwickeln. Voraussetzungen hierfür waren die Steigerung der Lesefähigkeit im Zusammenhang mit der Durchsetzung der Schulpflicht sowie die Öffnung des Anzeigenmarktes, der 1850 frei gegeben wurde.

Münzen und Banknoten

Banknoten etablierten sich in Europa in der Frühen Neuzeit und gehören zu den Druckerzeugnissen, für die Papier als Trägermedium dient. Mit der Zunahme des Handels und der Menge der Handelsgüter wuchs der Bedarf an Münzen im 15. Jahrhundert stetig an. In großen Mengen hatten die Geldstücke, die in Beuteln und Truhen aufbewahrt wurden, ein hohes Gewicht, waren unhandlich, schwer zu transportieren und zu bewachen. Daraus resultierte die Notwendigkeit der Einführung eines alternativen Zahlungsmittels. Papier-

Joachimstaler
Silber, 1519–1528
Die Vorderseite zeigt
den heiligen Joachim,
auf der Rückseite ist
der böhmische Löwe
zu sehen.

geld war bereits im 1. Jahrtausend in China im Umlauf
und wurde im 13. Jahrhundert durch Marco Polo in
Europa bekannt.

Das erste europäische Papiergeld druckte man im
15. Jahrhundert in Spanien. Ursprünglich war es nicht
ergänzend zum Münzgeld, sondern stellvertretend
konzipiert worden. Es handelte sich um ein Wertpa-
pier, für das der Herausgeber – später die Notenban-
ken – auf Verlangen den Gegenwert in Münzen oder
Barren auszahlen musste. Durch die verordnete An-
nahmepflicht konnten sich Geldscheine neben dem
Münzgeld als vollwertiges Zahlungsmittel etablieren.
Im 17. Jahrhundert waren Wertpapiere in Schweden,
Norwegen, England, Schottland und Frankreich verbreitet.

In der Münzkunde markiert die Einführung des Ta-
lers den Beginn der Frühen Neuzeit. Als Taler bezeichnet man alle Münzen, für die Silber als Trägermaterial
Verwendung fand und die mehr als 1 Lot wogen. 1484
wurde eine große Silbermünze geschlagen, die als
Vorbild für den Joachimstaler diente, der von 1519 bis
1528 geprägt wurde. In den folgenden Jahrhunderten

Stadt-Taler von
Regensburg
Silber, 1756/69

etablierte sich der Taler als internationales Zahlungsmittel. Da die Gestaltung des Träger- und Speichermediums Taler den jeweiligen Münzherren überlassen
war, gab es eine Vielzahl unterschiedlichster Darstellungen auf Avers und Revers, darunter bevorzugt
Porträts, Wappen und ab dem 17. Jahrhundert Stadtansichten. Parallel zum Taler waren Goldgulden und
Legierungen mit Kupfer- und Silberzusätzen sowie
reine Golddukaten als größere Währungseinheiten in
Gebrauch. Seit dem 17. Jahrhundert wurde in Deutschland der Silbergulden geprägt, der einen geringeren
Wert als der Taler besaß. Daneben waren Silbergro-
schen, Silberpfennige und Kupfermünzen im Umlauf.
Medaillen, die als Gedenkmünzen geprägt und als
Auszeichnungen vergeben wurden, sind seit der Frühen Neuzeit verbreitet.

Da die Technik der manuellen Münzfertigung ungeeignet war, um Münzen wie Taler, Gulden und Duka-
ten in größerer Menge und hoher Qualität herzustellen, arbeitete man an neuen Verfahren zur Münzprägung. Von den Prägeapparaten, die in der Frühen
Neuzeit entwickelt wurden, setzte sich im 16. Jahrhundert die Spindelpresse durch, wie sie seit dem 15. Jahrhundert im Buchdruck eingesetzt wurde. Bei der Spin-
delprägung bewegte man durch das Anziehen des
Anwurfhebels den Oberstempel mittels einer Spindel
nach unten. Der Oberstempel prägte dann den Schrötling, der gleichzeitig in den Unterstempel gepresst
wurde. Seit dem 17. Jahrhundert war es auch möglich,
mehrere Münzen gleichzeitig zu prägen. Die Masse
der auf dem Anwurfhebel befindlichen Gewichte richtete sich dabei nach der Größe und der Menge der zu
prägenden Münzen oder Medaillen.

Nach der Erfindung der Dampfmaschine setzte man
im 18. Jahrhundert dampfgetriebene Walzen und Prä-
gemaschinen zur Produktion von Münzen und Medaillen ein. Mit Hilfe der Dampfkraft wurde das Trägermaterial zunächst zu münzdicken Platten ausgewalzt,
die Rohlinge gestanzt und mit Prägehämmern zu
Münzen oder Medaillen ausgeformt. Damit konnte die

Münzprägeanstalten
Die heute noch akti-
ven Münzprägean-
stalten der Bundes-
republik Deutsch-
land befinden sich in
Berlin, Hamburg,
Karlsruhe, München
und Stuttgart.

Briefsteller
Bereits im antiken Griechenland wurden für alle Formen der Korrespondenz inhaltliche, stilistische und ästhetische Kriterien festgelegt und in Musterbriefen dokumentiert, die professionellen Schreibern als Vorlagen dienten. In ihrer Nachfolge etablierten sich im Mittelalter die so genannten Briefsteller als Muster- und Lehrbücher für den Briefverkehr.

Produktion der neu gegründeten Münzprägeanstalten – staatlichen Institutionen, die Kurs- und Gedenkmünzen im Auftrag eines Landes prägten – sowie die Qualität der hier produzierten Münzen und Medaillen erheblich gesteigert werden.

Briefe

Um 1400 wurde Latein im Korrespondenz- und Urkundenwesen allmählich durch die deutsche Sprache abgelöst. Mit dem Beginn der Frühen Neuzeit erschienen die Briefsteller auch in deutscher Sprache. In Folge der Erfindung des Buchdrucks verbreiteten sie sich schnell. Wichtigster Bestandteil waren die Briefmuster, die sich, insbesondere seit dem 16. Jahrhundert, an den Anforderungen, die an die Kanzleien gestellt wurden, orientierten. So gab es in den Briefstellern Vorlagen für Schuldbriefe, Ladungen und Testamente. Sie enthielten aber auch Formeln und Floskeln sowie stilistische Hinweise zur Abfassung eines Schreibens. Im 17. Jahrhundert boten die Briefsteller darüber hinaus einen grammatikalischen und einen orthografischen Teil. Das Spektrum der Briefmuster wurde erweitert, man unterschied, wie schon im antiken Griechenland, zwischen etwa zwanzig verschiedenen Briefarten, darunter Freundschaftsbriefe, Lobbriefe, Trostbriefe, Bittbriefe und Dankesbriefe.

Bis zum Beginn des 19. Jahrhunderts wurden Briefbogen

Briefsteller
Titelillustration zu Gebhard Overheide:
Vermehrte deutsche Schreib-Kunst,
Hamburg 1657

Maximilian I. händigt einem Boten Briefe aus
Illustration aus dem »Weißkunig«, um 1515
Kaiser Maximilian I. von Habsburg (1459–
1519) war der Auftraggeber der ersten Post
nördlich der Alpen. Die Illustration stammt
aus der »Weißkunig« (Weißkönig) genannten
unvollendeten allegorischen »Autobiographie«
Maximilians I. Sie wurde 1517 von Marx
Treitzsaurwein von Ehrentreitz redigiert und
stellt eine Mischung aus Heldenroman, Chronik und Fürstenspiegel dar.

einseitig von Hand beschrieben, zu-
sammengefaltet und gesiegelt. An-
schrift und Absender hielt man außen,
auf dem zusammengefalteten Briefbogen, fest.

Postwesen

Die Verbreitung der Medien, insbesondere der Kom-
munikationsmedien, erfolgte im 17. und 18. Jahrhundert vorwiegend über die Transportmedien Postkutsche
und Botenpost. Die erste zentral organisierte Postverbindung der Frühen
Neuzeit wurde nach 1500 von Franz
von Taxis auf Veranlassung Kaiser Maximilians I. zwischen dessen Hof in Wien
und dem seines Sohnes Philipp in
Brüssel eingerichtet. Nachdem Philipp
1504 zum spanischen König gekrönt
worden war, wurde die Postverbindung
bis nach Madrid, später bis nach Rom
ausgebaut. An den Poststationen standen Reitpferde für die Postillione und
Postboten sowie Postkutschen bereit,
so dass der Weitertransport ohne Zeit-
verzögerung erfolgen konnte. Das Netz
der Postlinien wurde stetig erweitert,
der Postverkehr beschleunigte sich zu-
sehends. Die Reichspost der Thurn und
Taxis bestand bis 1866 und ging dann
in preußische Oberhoheit über.

Briefboten
Kupferstich, 1728. Die
reitenden Boten kündi-
gen ihr Eintreffen in der
Reichsstadt Augsburg
mit einem Posthorn-
signal an.

Mit dem Begriff »Moderne« wird eine Zeitspanne gefasst, die von Umbrüchen in allen Bereichen des individuellen, gesellschaftlichen und politischen Lebens geprägt ist. In Abhängigkeit vom jeweiligen Forschungsgegenstand wird der Beginn der Moderne bestimmten historischen Entwicklungen beziehungsweise Ereignissen zugeordnet. In der Geschichtswissenschaft ist dies die Französische Revolution am Ende des 18. Jahrhunderts. Die »Moderne« oder auch »Neueste Zeit« geht in den 20er Jahren des 20. Jahrhunderts in die »Zweite Moderne« oder die »Zeitgeschichte« über.

In der Mediengeschichte ist die Moderne durch eine rasante Entwicklung und Ausdifferenzierung der klassischen Medien sowie durch technische Innovationen und die Entstehung neuer Medien geprägt. Am Anfang steht die Entwicklung der Fotografie im 19. Jahrhundert, als Voraussetzung für die im 20. Jahrhundert einsetzende Bildberichterstattung, die den Beginn der so genannten Zweiten Moderne markiert. Der Übergang zwischen diesen beiden Epochen verläuft in der Geschichte der Medien fließend.

Information, Wissen, Bildung und der kompetente Umgang mit alten und neuen Medien spielen für die Zukunftsfähigkeit unserer Gesellschaft eine immer bedeutendere Rolle. Der Übergang von der Industrie- zur Wissens- und Informationsgesellschaft vollzieht sich rasant. Digitale Techniken und neue Möglichkeiten zur Information und Kommunikation prägen den Alltag. Der Prozess der Digitalisierung lässt Informations-, Kommunikations- und Medienwirtschaft konvergieren. Über interaktive Medien wie das Internet (engl., *interconnected networks*), können Hypertext-Systeme wie das World Wide Web (WWW) abgerufen werden. Hypermedien, technischer Fortschritt und die politisch-ökonomische Liberalisierung treiben die Globalisierung voran und lösen die modernen Gesellschaften mehr und mehr aus dem nationalen Rahmen. Die Wahrnehmung grenzüberschreitender Medienangebote und der Konsum der entsprechenden Medieninhalte sind heute für viele Menschen bereits Alltagsrealität.

Zeitungen und Zeitschriften

Die Geschichte der Printmedien ist im Zeitalter der Moderne durch ihre Entwicklung zu Massenmedien geprägt. Bereits Ende des 18. Jahrhunderts wurden die Zeitungen zum wichtigsten Kommunikationsmittel im Kontext der Herausbildung einer bürgerlichen Öffentlichkeit.

Unter dem Einfluss der Ideen der Aufklärung und der neu entstehenden wirtschaftlichen Macht des Bürgertums avancierte die private Presse zum Protestmedium gegen die weltliche und geistliche Obrigkeit. Die Forderungen nach mehr Pressefreiheit wurden nachdrücklicher. Zeitungen von überregionaler Bedeutung, wie die Londoner »Times«, 1788 gegründet, waren meinungsbildend und entwickelten sich zu Leitmedien. Zu den einflussreichsten Zeitungen in Deutschland gehörten die »Vossische Zeitung«, gegründet 1617, der »Schwäbische Merkur«, gegründet 1750, sowie die spätere »Augsburger Abendzeitung«, gegründet um 1679 unter dem Titel »Wochentlich-Ordinari-Post-Zeitung«.

In der zweiten Hälfte des 19. Jahrhunderts begünstigten politische, soziale und wirtschaftliche Entwicklungen die Herausbildung der Massenpresse sowie der Partei- und Gesinnungspresse. So wurde 1874 die Pressefreiheit im Reichspressegesetz verankert, die Expansion der Wirtschaft verbesserte die Kaufkraft und die Zahl der Abonnenten stieg. Nach der Aufhebung des staatlichen Anzeigenmonopols in Preußen verbilligten die Anzeigeneinnahmen das Medium Zeitung erheblich. Um 1900 stand das Verhältnis von Anzeigen zum redaktionellen Teil einer Zeitung oder Zeitschrift in Deutschland bei etwa 5 zu 1.

Infolge der steigenden Nachfrage entstanden in Berlin die ersten Pressekonzerne. Rudolf Mosse gründete hier 1867 sein Annoncen Büro und legte damit den Grundstein für einen der ersten deutschen Zeitungs-

Leitmedien
Leitmedien sind Einzelmedien, die im historischen Kontext über einen bestimmten Zeitraum die Kommunikation und die öffentliche Meinungsbildung dominieren.

**Rudolf Mosse
(1843–1920)**
Verleger und Unternehmer

konzerne neben Ullstein und Scherl. In den folgenden Jahren profitierte die Entwicklung der Printmedien nicht zuletzt von der Durchsetzung der allgemeinen Schulpflicht und der damit verbundenen Steigerung der Lesefähigkeit der Bevölkerung, die um 1900 bereits bei über 90 Prozent lag. Um die Jahrhundertwende las etwa ein Drittel der Deutschen eine oder mehrere der etwa 3.500 Zeitungen. Die Hälfte dieser Presseorgane waren Tageszeitungen mit einer geschätzten Auflage von insgesamt 15 Millionen Exemplaren. Begünstigt wurde die Entwicklung der Printmedien aber auch durch technische Innovationen, die im 19. Jahrhundert zur Optimierung der Zeitungsproduktion führten.

Bereits 1799 wurde die Langsiebpapiermaschine des Franzosen J. N. Louis Robert patentiert, die eine maschinelle Fabrikation des Bedruckstoffs Papier in fortlaufenden Bahnen ermöglichte. Seine Erfindung bestand darin, dass ein Metallsieb über zwei parallel laufenden Walzen angebracht wurde. Auf dem Sieb, das seitlich mit Riemen eingefasst war, so dass der Papierbrei nicht abfließen konnte, wurde die flüssige Masse verteilt. Drehte man die Walzen, so bewegte sich das Sieb in Längsrichtung und führte gleichzeitig eine Schüttelbewegung aus. Dabei floss das Wasser durch die Maschen des Siebes ab. Die verfilzte Papierbahn lief anschließend zwischen den Walzen hindurch, wo sie weiter entwässert, geglättet und abschließend, noch im nassen Zustand, aufgerollt wurde. In einem weiteren Arbeitsgang musste die Papierbahn wieder abgerollt, getrocknet und zugerichtet werden.

Der britische Ingenieur Bryan Donkin verbesserte die Erfindung Roberts wesentlich, indem er sie mit einem mechanischen Antrieb und einer Nasspresse versah, die Gautschpresse und die Siebschüttelung optimierte sowie verschiebbare Riemen einsetzte, um die Breite der Papierbahn variieren zu können. Erst sein drittes Modell, aus dem Jahr 1808, konnte sich am Markt etablieren.

Um 1820 gelang es Thomas Chromton, durch die Integration einer dampfbeheizten Trockenanlage den letzten manuellen Arbeitsschritt zu ersetzten. Um 1850 wurde in ganz Europa mit Papiermaschinen gearbeitet, die am Tag etwa 2.000 Kilogramm Papier produzieren konnten.

Bis ins 18. Jahrhundert waren Lumpen beziehungsweise Hadern der wichtigste Rohstoff zur Papierherstellung. Die wachsende Nachfrage und die neuen Verarbeitungstechniken, die die Produktivität der Papierfabriken immer weiter steigerten, führten zu Rohstoffknappheit. Infolgedessen suchte man nach alternativen Rohstoffquellen. Ab 1765 führte Jacob Christian Schäfer zahlreiche Experimente mit Pflanzenfasern zur Papiergewinnung durch. Die Resultate genügten jedoch den Ansprüchen an die Qualität des Endproduktes nicht.

Erst Friedrich Gottlob Keller gelang es um 1845, ein Papier auf der Basis von Pflanzenfasern herzustellen, das als Beschreib- und Bedruckstoff und somit auch als Trägermaterial für Zeitungen und Zeitschriften geeignet war. Sein Verfahren zur Papiergewinnung basierte auf der Technik des Holzschliffs. Dabei wurde auf einem Schleifstein unter Zugabe von Wasser Holz quer zur Faser abschliffen. Anschließend schloss man die Fasern durch chemische Behandlung auf und verarbeitete den Papierbrei weiter.

Friedrich Gottlob Keller (1816–1895)
Mit der Nutzung des Holzschliffs zur Herstellung von kostengünstigem Papier auf der Basis von Holzfasern schuf Keller die Grundlage für die weitere Entwicklung der Printmedien.

Da das Holzschliffpapier nicht säurefrei war, wurde es im Laufe der Zeit braun und brüchig. Infolgedessen wurde es als Träger- und Speichermedium im 20. Jahrhundert zunehmend durch säurefreies Papier ersetzt, das eine lange Haltbarkeit garantiert.

Von besonderer Bedeutung für die Entwicklung der Medien Zeitung und Zeitschrift war, neben den neuen Verfahren zur Rohstoffgewinnung und zur Papierherstellung, die Einführung neuer Druckmaschinen. Um 1810 konstruierten Friedrich Koenig und Andreas Bauer eine dampfbetriebene Flachform-Schnellpresse,

Flachform-Schnellpresse
um 1812, Konstruk-
teure: Friedrich Koenig,
Andreas Bauer

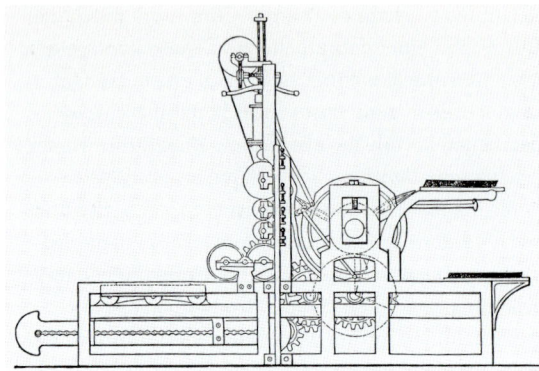

die mit einem Druckzylinder ausgestattet war und deren Produktivität doppelt so hoch lag wie die der traditionellen Holzpressen. Die innovative Leistung bestand
unter anderem darin, dass das Einfärben der Text- und
Bildinformationen nicht mehr mittels eines Druckerballens von Hand, sondern mechanisch mit Hilfe von
Walzen erfolgte. Mit der 1811 patentierten Schnellpresse konnten etwa 800 Bogen pro Stunde bedruckt
werden. Die weiterentwickelte Version, die Schön- und
Widerdruck-Schnellpresse, auf der ab 1814 die Londoner »Times« produziert wurde, war bereits mit zwei
Druckzylindern ausgestattet und konnte etwa 2.000
Bogen pro Stunde bedrucken. Ein spezieller Mechanis-
mus zum Wenden der Papierbogen ermöglichte erstmals den Druck von Vorder- und Rückseite in einem
Arbeitsgang.

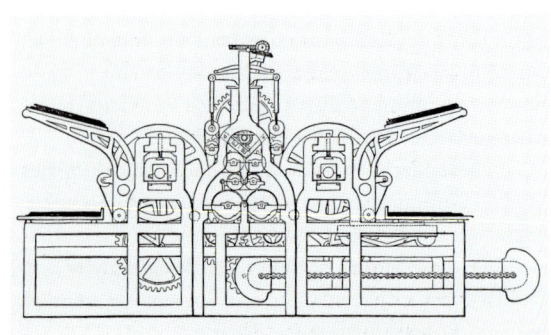

**Schön- und Widerdruck-
Schnellpresse**
Am 29. November 1814
wurde die Londoner
»Times« als erste Tages-
zeitung der Welt mit der
Schön- und Widerdruck-
Schnellpresse von
Koenig und Bauer her-
gestellt.

Ab 1845 verdrängte die Rotationsmaschine die Schnellpresse vom Markt. Damit konnte anstelle von einzelnen Bögen eine laufende Papierrolle in den wichtigsten Verfahrenstechniken bedruckt werden: Hoch-, Tief- und Flachdruck.

Mit der Entwicklung der so genannten Rollen-Rotationsdruckmaschinen wurde es möglich, mehrere Zylinder nacheinander auf den Bedruckstoff abzurollen. Somit konnten ab den 60er Jahren des 19. Jahrhunderts Zeitungen und Zeitschriften auch mehrfarbig produziert werden. Die bedruckten Papierrollen wurden anschließend, mittels einer Papierschneidemaschine, in das gewünschte Format gebracht. Die ersten Schneidemaschinen mit feststehenden Messern kamen bereits 1837 in Frankreich zum Einsatz. Ab 1844 wurden sie durch Hebel- beziehungsweise Radschneidemaschinen ersetzt, die mit beweglichen Messern arbeiteten.

Das Setzen der Druckvorlagen musste bis zur Erfindung der Lettern-Setzmaschine im Jahr 1822 noch von Hand erfolgen. Mit der Entwicklung des Maschinensatzes ließ sich das Erstellen der Vorlagen für den Druck erheblich beschleunigen. Die Setzmaschine ermöglichte die Zusammenstellung des Typensatzes über eine Tastatur. Einzelne Typen konnten so aus einem Magazin zusammengeführt, zu einer Zeile gefügt und abgeschlossen werden. Nach dem Druck wurden die einzelnen Zeilen mittels einer Ablagemaschine aufgelöst, die die Typen trennte, sortierte und in das Magazin zurückführte.

Der Einsatz der Linotype-Setzmaschine (von engl. *line of types*), die 1886 von Ottmar Mergenthaler entwickelt wurde, optimierte die Zeitungsproduktion weiter. Bei diesem Verfahren gab der Setzer, ebenfalls über eine mechanische Tastatur, die gewünschten Zeichen ein. Diese fielen bei der Linotype-Setzmaschine in Form von wieder verwendbaren Matrizen aus einem Magazin und wurden zusammengefügt. War die Breite des Satzspiegels erreicht, goss man die Zeile mit Blei aus, ein Vorgang, der mehrfach wiederholt werden

Ottmar Mergenthaler (1854–1899)
Der Erfinder und Entwickler verbesserte die Lettern-Setzmaschine von William Church und konstruierte 1886 in New York die Linotype-Setzmaschine. Damit konnte die Arbeitsleistung eines Setzers von etwa 1500 auf 6000 Zeichen pro Stunde gesteigert werden.

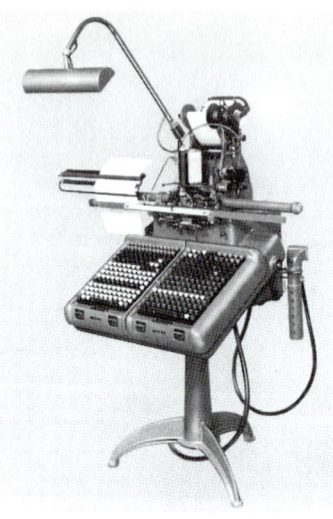

Monotype
Taster mit Antrieb durch
Zuggewichte, 1897
Mit der Setzmaschine
des amerikanischen
Ingenieurs Tolbert
Lanston erfolgte das
Setzen und Gießen in
zwei Arbeitsgängen.
Die Monotype produzierte bereits etwa
8000 Buchstaben pro
Stunde.

konnte. Die so entstandenen Zeilenblöcke stellte man anschließend zu Druckstöcken zusammen. Dieses Verfahren ermöglichte eine zeitnahe Vervielfältigung der Zeilenblöcke und war die Voraussetzung für das parallele Drucken an mehreren Maschinen.

1897 erfand der amerikanische Ingenieur Tolbert Lanston die Monotype, eine Setzmaschine, in der das Setzen und Gießen ebenfalls in zwei Arbeitsgängen erfolgte. Der Setzer produzierte mittels einer Tastatur einen Lochstreifen, der dann in die Gießmaschine eingelegt wurde, wo die einzelnen Lettern sowohl gegossen als auch zusammengesetzt wurden. Die Monotype kann als Bindeglied zwischen dem Handsatz und dem Fotosatz bezeichnet werden. Letzterer konnte sich im 20. Jahrhundert durchsetzten und basiert auf der Belichtung der Schriftzeichen mittels optischer oder optoelektronischer Verfahren auf einen Trägerfilm.

Infolge der neuen Produktionstechniken und in Anbetracht der steigenden Nachfrage setzten am Zeitungs- und Zeitschriftenmarktmarkt ein schnelles Wachstum und eine weitere Ausdifferenzierung ein. Bereits Ende des 18. Jahrhunderts etablierten sich Familien-, Frauen-, Kinder-, Jugend- und Modezeitschriften am Markt, die aus den populären Wochenzeitschriften hervorgegangen waren. Zu Beginn des 19. Jahrhunderts, im Kontext nationalstaatlicher Bewegungen und außenpolitischer Entwicklungen, entstand der Typus der politischen und patriotischen Zeitschrift. Daneben etablierten sich Wirtschaftszeitschriften und eine Vielzahl konfessionell gebundener Publikationen. Im 20. Jahrhundert differenzierte sich das Zeitschriftensystem im Bereich der Fachzeitschriften immer weiter aus, es entstanden unter anderem die Standes- und Berufszeitschriften.

Im 18. Jahrhundert wurden die Zeitschriften noch

auf der Basis von Holzschnitten oder Kupferstichen illustriert. Die erste Zeitschrift, die auf Holzschnittbasis bebildert war, wurde 1833 unter dem Titel »Penny-Magazine« in England herausgegeben. Der erste Zeitschriftentitel, der den Begriff »Illustrierte« enthielt, war die »Illustrirte Zeitung« des Verlegers Johann Jakob Weber, die ab 1843 in Leipzig erschien. Die traditionellen Techniken des Holzschnitts und des Kupferstichs wurden im 19. Jahrhundert durch die Lithografie, den Steindruck, verdrängt. Diese Flachdrucktechnik, bereits 1797 von Alois Senefelder erfunden, wurde ursprünglich für Text- und Notendrucke verwendet und erst ab 1830 im Bereich der Zeitschriftenillustration eingesetzt.

Illustrirte Zeitung
Die Titelillustration vom 12. August 1882 zeigt die Räumung der Straßen von Alexandria durch britische Truppen, nachdem es dort zuvor zu Unruhen gekommen war.

Bei der Lithografie wird die Vorlage mit einer fetthaltigen Kreide oder Tusche auf eine Steinplatte, vorzugsweise Kalkstein, aufgebracht. Anschließend überzieht man die Druckplatte mit Talkpuder und fixiert so das Bild. Im Folgenden wird die Ätze, meist eine Mischung aus Gummiarabicum und Salpetersäure, aufgetragen und mit einer Schicht Gummiarabicum abgeschlossen. Danach legt man die Abbildung wieder frei und entfernt die Kreide oder Tusche mit einer fetthaltigen Substanz, beispielsweise Terpentin. Abschließend

Alois Senefelder (1771–1834)
1809 wurde der Erfinder der Lithografie zum Inspektor der königlichen Steindruckerei ernannt und verfasste 1818 ein Lehrbuch zum Thema. 1826 druckte er erstmals farbige Blätter und ab 1833 auch Gemälde auf Leinwand.

Stahlstich
Josef Maximilian Kolb
nach Carl Würbs: Der
Gendarmen-Markt in
Berlin, 1852. Für hohe
Auflagen erwies sich
der Stahlstich als
besonders geeignet.

wird eine ebenfalls fetthaltige Druckfarbe aufgetragen, die in den freigelegten Bereichen gebunden und in den noch mit Gummiarabicum überzogenen abgestoßen wird.

Beim Druck entsteht so eine spiegelbildliche Abbildung, was durch einen Zwischenschritt vermieden werden kann. Zu diesem Zweck wird das Druckbild zuerst auf ein anderes Trägermaterial, vorzugsweise Papier, übertragen und über diesen Zwischenspeicher auf den Stein aufgebracht. Diese Technik wird als Papierlithografie oder Autografie bezeichnet und zählt zu den indirekten Druckverfahren.

Die Lithografie ermöglichte eine originalgetreuere und detailliertere Wiedergabe der Vorlagen als der

**Berlins erste
Litfaßsäule**
Lithografie von F. G.
Nordmann, um 1855

Holzschnitt oder der Kupferstich. Zudem erlaubte das Trägermaterial Stein eine größere Menge von Abzügen als Holz- oder Kupferplatten.

1837 ließ sich der französische Lithograf Godefroy Engelmann die Chromolithografie patentieren. Sie ermöglichte qualitativ hochwertige Farbabbildungen, die jedoch in der Herstellung sehr aufwändig waren, da das zu druckende Bild in bis zu 20 Farben zerlegt und in entsprechend vielen Arbeitsschritten übereinander gedruckt wurde. Infolgedessen kam die Chromolithografie im Bereich der Zeitschriftenillustration

Plakate

Von der Entwicklung der lithografischen Verfahren profitierte insbesondere das Medium Plakat, das sich in den 30er Jahren des 19. Jahrhunderts als Massenmedium etablierte und vorrangig zu Werbezwecken diente. Infolge der massenhaften und unkontrollierten Plakatierung wurden Mitte des 19. Jahrhunderts Plakatierungssysteme entwickelt, die Platzierung, Größe und Dauer der Anschläge sowie die Verteilung der Werbeeinnahmen regelten. Politische Plakate wurden verstärkt kontrolliert, zensiert und zeitweilig verboten. Im Jahr 1855 stellte Ernst Litfaß die erste Anschlagsäule in Berlin auf und erwarb das Monopol für den Plakatanschlag.

Im 20. Jahrhundert verlor das Plakat als Werbemittel gegenüber Presse, Hörfunk und Fernsehen zunehmend an Bedeutung und wurde durch andere Medien wie Werbetafeln oder Leuchtwerbemittel ersetzt.

kaum zum Einsatz; sie etablierte sich im Buch-, Klein- und Kunstdruck. Die lithografischen Verfahren wurden ergänzt durch die Fotolithografie und die Granolithografie.

Der moderne Offsetdruck, ebenfalls ein Flachdruckverfahren, ist eine Weiterentwicklung der Lithografie und wurde zu Beginn des 20. Jahrhunderts parallel von einem Deutschen, Caspar Hermann, und einem Amerikaner, Ira Washington Rubel, erfunden. Der Offsetdruck basiert auf dem gleichen Prinzip wie die Lithografie; verwendet wird gewöhnlich eine flexible Zinkplatte. Die Bereiche der Druckplatte, die ausgespart werden sollen, überzieht man vor dem Druckvor-

**Caspar Hermann
(1871–1934)**

1904 baute Hermann eine Buchdruck-Rotationsmaschine in eine Offsetdruckmaschine um. 1907 erhielt er das Patent für die erste Rollenoffset-Druckmaschine und 1922 ließ er sich das so genannte Satellitendrucksystem patentieren.

gang mit einem Feuchtmittel, so dass sie die Druckfarbe abstoßen. Um die spiegelbildliche Abbildung zu vermeiden, wird das Druckbild zuerst auf einen Gummizylinder und von diesem auf den Bedruckstoff übertragen. In den 30er Jahren etablierte sich der Trockenoffsetdruck, eine Technik, bei der unter Verwendung spezieller Farben und Beschichtungen ohne Wasser gedruckt wurde. Die Belichtung der Druckplatte erfolgte ursprünglich mit Hilfe von Positiv- oder Negativfilmen. Im 20. Jahrhundert hat der Offsetdruck den traditionellen Buchdruck vom Markt verdrängt. Zu Beginn des 21. Jahrhunderts werden weltweit zirka 70 Prozent aller Drucksachen im Offsetverfahren hergestellt.

Im späten 20. Jahrhundert setzte sich das Verfahren der direkten Belichtung, des Direct Imaging oder auch CTP *(computer to plate)* mittels eines thermischen oder optischen Lasers durch. Je nach dem Format des jeweiligen Trägermaterials wird beim Druck zwischen Bogenoffset und Rollenoffset unterschieden. Gedruckt wird vorrangig mit dem CMYK-Farbmodell (Cyan, Magenta, Yellow, Key), wobei für jede Farbe eine Druckplatte erforderlich ist. Hierbei wird mit standardisierten Farbpaletten gearbeitet, wie dem HKS- oder dem Pantone-Farbfächer.

Ende des 19. Jahrhunderts wurde die Lithografie im

Zeitschriftenbereich durch die Autotypie und an der Wende zum 20. Jahrhundert durch die Fotografie ergänzt.

Die Autotypie (griech., »Selbstschrift«) oder Netz- beziehungsweise Rasterätzung wurde 1880 von Georg Meisenbach entwickelt. Dabei handelt es sich um ein fotomechanisches Reproduktionsverfahren zur Herstellung von Hochdruckvorlagen, so genannten Klischees. Bei der fotografischen Aufnahme des Bildgegenstandes schaltete man der Platte ein Raster vor und zerlegte so das Bild in kleine Quadrate. Das Rasternegativ wurde dann auf eine Metallplatte, meist Zink, die mit Chromgelatine beschichtet und dadurch lichtempfindlich war, übertragen und geätzt. Im 20. Jahrhundert fanden auch Druckstöcke aus Kunststoff Verwendung oder, beispielsweise im Flexodruck, aus Photopolymer.

Die Autotypie war kostengünstig und eignete sich zur Reproduktion von Illustrationen, vor allem Werken der bildenden Kunst, da mit diesem Verfahren Helligkeitsabstufungen sehr genau dargestellt werden konnten. Die erste Autotypie erschien 1880 im »New York Daily Graphic«. Zu Beginn des 20. Jahrhunderts wurde das Verfahren durch die Fotografie immer weiter zurückgedrängt und verlor infolge der Ablösung des Hochdrucks durch den Offsetdruck zunehmend an Bedeutung.

Die Verbreitung der Fotografie, die Verbesserung der Fototechnik sowie die Möglichkeit der Fernübertra-

Autotypie
Stephen Horgan:
A Scene of Shantytown,
1880, New York Daily
Graphic

gung führten zu Beginn des 20. Jahrhunderts zur Entwicklung des Fotojournalismus.

Die Bildberichterstattung entwickelte sich ab 1880, als die ersten Halbtonfotos von Stephen H. Horgan im New Yorker »Daily Graphic« erschienen. In Deutschland veröffentlichte die »Leipziger Illustrirte Zeitung« 1883 das erste gerasterte Halbtonfoto von Georg Meisenbach. Eine der ersten Zeitschriften, die ihre Berichte regelmäßig mit Fotos bebilderten, war die »Berliner Illustrirte Zeitung«, eine Wochenzeitschrift, die ab 1892 herausgegeben wurde.

Neue Verfahrenstechniken, steigende Produktivität und wachsende Nachfrage führten zu einer stetigen Diversifikation der illustrierten Publikumszeitschriften. Die Zeitschriftenverlage expandierten, in Deutschland entstand ab 1916 durch die Aktivitäten von Alfred Hugenberg der erste Medienkonzern: neben Verlagen und Zeitungen erwarb er auch die Nachrichtenagentur »Telegrafen-Union« sowie die Universum Film AG (Ufa).

Alfred Hugenberg (1865–1951)
Hugenbergs Medienkonzern setzte sich aus Verlagen, Filmgesellschaften, Nachrichten- und Werbeagenturen sowie weiteren Firmenbeteiligungen zusammen.

Etwa zur gleichen Zeit wurde die Pressefreiheit aufgehoben. Schon in der Reichsverfassung der Weimarer Republik von 1919 ist die Pressefreiheit nicht mehr erwähnt. Nach den Republikschutzgesetzen von 1922 und 1930 sowie den Notverordnungen von 1931 und 1932 wurden zahlreiche Publikationen verboten. Gab es Anfang der 30er Jahre in Deutschland noch über 4.700 Zeitungstitel mit einer Gesamtauflage von etwa 25 Millionen, hatte sich ihre Anzahl bis zum Ende des Jahrzehnts halbiert.

Nach der Machtergreifung durch die Nationalsozialisten wurde die Presse in Deutschland gleichgeschaltet. In der Zeit von 1939 bis 1944 reduzierte sich die Anzahl der Zeitungen noch einmal von zirka 2.300 auf etwa 1.000 Titel, davon kontrollierten die Nationalsozialisten mehr als ein Drittel. Auch die Zeitschriften wurden in den Dienst der NS-Propaganda gestellt. Der »Stürmer«, ein antisemitisches Hetzblatt, das seit 1923 wöchentlich erschien, erreichte 1938 seine höchste Auflage, inklusive neun zusätzlicher Ausgaben wurden drei Millionen Exemplare gedruckt. Ab 1936 erhielten alle Zeitungs- und Zeitschriftenredaktionen den »Zeitschriften-Dienst«, der Propaganda-Richtlinien sowie Gestaltungsvorschläge und Themenhinweise enthielt.

Nach dem Ende des Zweiten Weltkrieges übernahmen die Alliierten die Pressehoheit in Deutschland. In einem ersten Schritt verboten die Westalliierten alle deutschen Zeitungen und Zeitschriften, Verlage und Druckereien wurden geschlossen. In den folgenden Monaten stand der Bevölkerung im Westen Deutschlands ausschließlich die Heeresgruppenpresse, also die Militärzeitungen der Alliierten, als Informationsquelle zur Verfügung. Ab August 1945 wurden Lizenzen für Zeitungen vergeben, die unter deutscher Leitung standen, aber noch von den Alliierten kontrolliert wurden. Die erste Lizenz der amerikanischen Militärverwaltung erhielt die »Frankfurter Rundschau«. Erst 1949 hoben die Westalliierten die Pressekontrolle mit der Erteilung einer Generallizenz auf. Fünf Jahre später, 1954, gab es in der Bundesrepublik Deutschland etwa 225 Tageszeitungen mit einer Gesamtauflage von mehr als 13 Millionen Exemplaren.

Auch im Osten des Landes wurden die Lizenzen für die Presse neu vergeben; die sowjetische Besatzungsmacht verteilte sie jedoch ausschließlich an politisch konforme Parteien und Organisationen. In der Deutschen Demokratischen Republik etablierten sich in den folgenden Jahren rund 40 Tageszeitungen mit über 200 Regionalausgaben. Die Hälfte dieser Publikationen wurde von der Regierungspartei herausgegeben. Die meistgelesene überregionale Zeitung war das Zentralorgan der Sozialistischen Einheitspartei Deutschlands (SED), »Neues Deutschland«, mit einer Auflage von über einer Million Exemplaren.

Seit den 70er Jahren wurden in der Zeitungs- und Zeitschriftenproduktion leistungsstarke digital arbeitende EDV-Systeme (Elektronische Datenverarbeitung) eingesetzt. In diesem Kontext wurde die Belichtung, also die Erzeugung der Druckvorlage, von der Texterfassung getrennt. Hieraus resultierten neue Mög-

Der Zeitschriftenmarkt

In der zweiten Hälfte des 20. Jahrhunderts entwickelte sich insbesondere der Zeitschriftenmarkt rasant. Im Jahr 2005 existierten im wiedervereinigten Deutschland mehr als 880 Publikumszeitschriften und etwa 1.080 Fachzeitschriften mit einer Auflage von 500 beziehungsweise 60 Millionen Exemplaren. Resultat der zunehmenden Diversifikation sind unter anderem Special-Interest-Zeitschriften oder Kunden- beziehungsweise Betriebszeitschriften.

lichkeiten der automatisierten Textgestaltung, wie die Generierung von Blocksatz in einer Satzfahne, die Spationierung auf eine volle Zeilenlänge oder die Silbentrennung. Damit wurden neue Maßstäbe in der Satzqualität gesetzt, die von den Ende des 20. Jahrhunderts eingeführten DTP-Systemen (Desktop Publishing) kaum übertroffen werden.

DTP-Systeme bieten den Vorteil der Text-Bild-Integration auf dem Computer-Bildschirm, also das Erstellen von digitalen Dokumenten, die mit den späteren Publikationen identisch sind. Ein weiterer Meilenstein für die Produktion von Zeitungen und Zeitschriften war die Entwicklung von Redaktionssystemen auf Datenbankbasis. Damit ist es unter anderem möglich, die inhaltliche und grafische Gestaltung von Dokumenten zu variieren und die Daten medienübergreifend zu publizieren (Cross media publishing).

Eingeführt wurde das DTP durch die Firmen Adobe (Seitenbeschreibungssprache PostScript), Aldus (Layoutprogramm PageMaker), Apple (grafikorientierter Rechner Macintosh und PostScript-Laserdrucker LaserWriter) sowie Linotype (PostScript-Schriften und PostScript-Belichter) (siehe Seite 133 ff.). Seit den 90er Jahren werden Zeitungen und Zeitschriften fast ausschließlich mittels DTP-Systemen produziert, die fotografischen Techniken der Druckvorstufe werden dabei durch die digitalen Verfahren des DTP ersetzt.

Apple Macintosh 512 K
1985

Bei der Produktion der zu publizierenden Inhalte stützen sich die Redaktionen, neben eigenen Recherchen, auf verschiedene Quellen, die ihnen Informationen oder Pressetexte zu bestimmten Themen oder Themengebieten zuliefern. Besonders wichtig sind in diesem Kontext die Nachrichtenagenturen, die Informationen

Deutsche Presseagentur
Die Deutsche Presseagentur (dpa), gegründet 1949, ist Deutschlands führende Nachrichtenagentur. Nach der Wiedervereinigung wurde die Nachrichtenagentur der DDR, der Allgemeine Deutsche Nachrichtendienst (ADN), in eine GmbH umgewandelt und hat sich unter der Bezeichnung Deutscher Depeschendienst (dpd) erfolgreich als zweitgrößte deutsche Nachrichtenagentur am Markt etabliert.

sammeln und diese, nach Aktualität, Bedeutung und Themengebieten geordnet, aufbereiten und handeln. Ergänzt werden die Meldungen der Nachrichten-agenturen durch Hinweise und Texte, die Pressestellen beziehungsweise Public Relations (PR)-Abteilungen im Rahmen der Öffentlichkeitsarbeit und in Form von Pressemeldungen zur Verfügung stellen.

Bei der Distribution unterscheidet man am Zei-tungs- und Zeitschriftenmarkt zwischen den Vertriebs-formen Einzelverkauf und Abonnement und den Ver-triebswegen Direktverkauf und Verkauf über Verteiler-organisationen. Der Einzel- oder Direktverkauf erfolgt unter anderem über Ladengeschäfte und Kioske. Höhere Kontingente an Zeitungen und Zeitschriften können, beispielsweise von den Einzelhändlern, über Verteilerorganisationen wie den Großhandel oder den Buch- und Zeitschriftenhandel bezogen werden. Zei-tungen und Zeitschriften im Abonnement werden in der Regel durch private oder verlagseigene Zustell-dienste vertrieben.

Im Wettbewerb um die Leser öffneten sich die Me-dien Zeitung und Zeitschrift, denen seit der Frühen Neuzeit ausschließlich Papier als Träger- und Speicher-medium diente, Ende des 20. Jahrhunderts zuneh-mend digitalen Publikationsstrategien (Electronic Pub-lishing). Als erste elektronische Version einer Zeit-schrift gilt die »Harvard Business Review«, die einen wissenschaftlichen Hintergrund hat. Sie wird seit 1982 für den Dienst »Bibliographic Information Services« parallel zu den Printausgaben als »Harvard Business online« im Internet publiziert. Immer mehr Zeitungs-und Zeitschriftenverlage publizieren online. Die Be-richterstattung in einer elektronischen Zeitung oder

Zeitschrift kann zeitnah aktualisiert werden, zudem sind alle Ausgaben vollzählig und die darin enthaltenen Artikel im Volltext abrufbar.

Ziel der Herausgeber von Zeitungen und Zeitschriften, die diese auch in elektronischer Form, im Internet oder auf CD-ROM (Compact Disc Read Only Memory), bereitstellen, ist die Gewinnung von Neukunden und die Optimierung der bestehenden Kundenbindung durch Erweiterung oder Vernetzung der publizierten Inhalte. Dies geschieht beispielsweise durch die Vermittlung von Zusatzinformationen und Hintergrundwissen oder durch Wissensvernetzung in Form von Auswahl und Bereitstellung von weiterführenden Links sowie durch komfortable Nutzerführung, Such- und Archivierungsfunktionen. Darüber hinaus erhält der Kunde die Möglichkeit, bestimmte Inhalte zu priorisieren und zu personalisieren, so dass er den Zeitungs- oder Zeitschriften-Content jederzeit individuell zusammenstellen und abrufen kann. Die Auswertung der Interessenslage der Kunden liefert den Verlagen wiederum wichtige Informationen, die in den Ausbau und die Weiterentwicklung der Angebote einfließen.

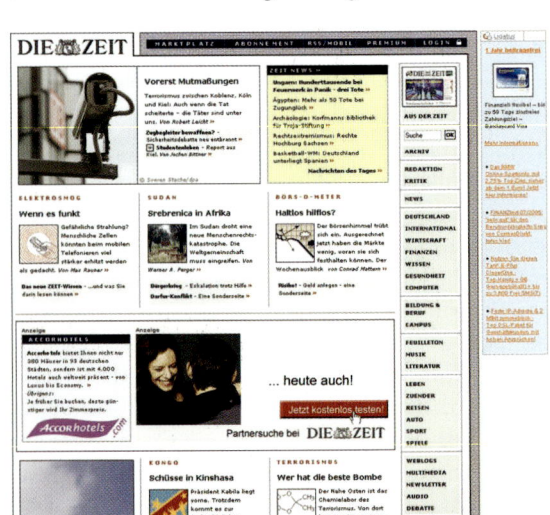

ZEIT online
Online-Ausgabe der
ZEIT, Screenshot,
21. August 2006

Die Leserbindung und die Gewinnung neuer Kunden ist am Zeitungs- und Zeitschriftenmarkt die wichtigste Voraussetzung, um Werbekunden oder -partner zu akquirieren. In den letzten Jahren war, insbesondere im Bereich der Publikumszeitschriften, auf den Plattformen eine deutliche Tendenz zu mehr Crossmarketing-Aktivitäten, Gewinnspielen, Wettbewerben, Mitmach-Aktionen und Shop-Konzepten zu beobachten. Diese interaktiven Angebote steigern nachweislich die Attraktivität von Internetzeitungen und führen zu steigenden Nutzerzahlen. Eine positive Entwicklung der Werbeeinnahmen und wachsende Umsätze, beispielsweise im Bereich Merchandising, sind das gewünschte Resultat. Im Jahr 2005 standen bereits 35 überregionale und mehr als 200 regionale deutsche Zeitungen auch online zur Verfügung. Die erste deutsche Zeitung, die exklusiv im Internet publiziert, ging im Jahr 2000 unter dem Titel »Netzeitung« online (http://www.netzeitung.de).

Bücher und Hefte

Neben Zeitungen und Zeitschriften dominierten Ende des 18. Jahrhunderts die Medien Buch und Heft die europäische Medienkultur, an der zu dieser Zeit vorwiegend der Adel und das Bürgertum partizipierten. Die Anzahl der Personen, die in Deutschland um 1800 regelmäßig lasen, wird auf nicht mehr als 300.000 geschätzt. Unter dem Einfluss Napoleons setzten um die Jahrhundertwende radikale Reformen ein, die einen Modernisierungsprozess in Gang brachten, der sich auch auf die Entwicklung der Medien auswirkte. Neben den bereits beschriebenen technischen Innovationen begünstigte also insbesondere der Wandel in Politik, Wirtschaft und Gesellschaft, der sich zu Beginn des 19. Jahrhunderts vollzog, die Entwicklung der Printmedien.

In den so genannten Lesegesellschaften, die sich Ende des 18. Jahrhunderts herausbildeten und als Träger der bürgerlichen Emanzipation gelten, diskutierte man, auf der Basis gemeinsamer Lektüre, zeitgenössi-

Das Lesekabinett
Gemälde von Johann
Peter Hasenclever,
1843

sche Themen. 1810 existierten bereits um die 600 Lesegesellschaften, in denen, um Kosten zu sparen,
Bücher, Hefte und Zeitschriften auch verliehen oder
getauscht wurden. Zudem gab es in fast jeder deutschen Stadt Lese- oder Leihbibliotheken, deren Anzahl
ständig wuchs. Um 1850 konnten allein in Preußen
um die 650 Bibliotheken mit Leihverkehr nachgewiesen werden.

Goethe: Faust, 1. Teil
Deckblatt, Reclam
Verlag, Leipzig 1867

1825 wurde der »Börsenverein der deutschen Buchhändler zu Leipzig« als Standes-
organisation der Verleger und Buchhändler gegründet. Zu diesem Zeitpunkt existierten in Deutschland nur
etwa 500 Buch- und Musikalien-
handlungen, Ende des 19. Jahrhunderts waren es bereits 8.000. Die
Anzahl der jährlichen Neuerscheinungen lag um die Jahrhundertwende bei 25.000 Titeln. Unter den
Nachdrucken etablieren sich die
kleinformatigen preisgünstigen Ausgaben des Reclam-Verlags, deren
erster Band, Goethes »Faust«, bereits 1867 erschienen war.

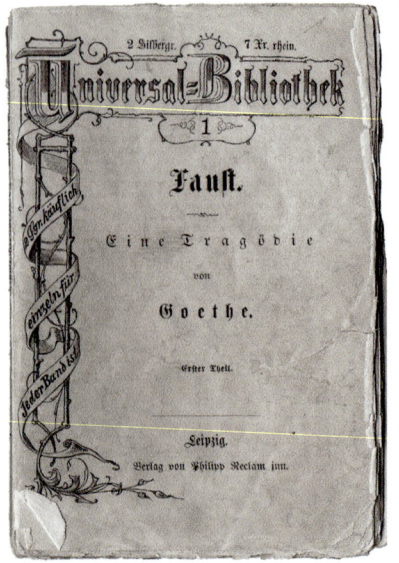

Auch die ersten Buchgemeinschaften, die im Vereinswesen wur-
zelten, wurden in Deutschland Ende

des 19. Jahrhunderts gegründet. Sie boten ihren Mitgliedern, in Abhängigkeit von der religiösen, sozialen oder politischen Orientierung des Vereins sowie von dessen thematischen Schwerpunkten, Bücher exklusiv oder zu Vorzugspreisen an. 1891 entstand mit dem »Verein der Bücherfreunde« die erste Buchgemeinschaft. In den 20er Jahren des 20. Jahrhunderts erfolgten mehrere Neugründungen, darunter 1924 auch die der »Büchergilde Gutenberg«.

Nach dem Zweiten Weltkrieg etablierten sich noch einmal vermehrt neue Buchgemeinschaften, beispielsweise die »Wissenschaftliche Buchgesellschaft Darmstadt«, gegründet 1949, oder der »Deutsche Bücherbund«, als »Stuttgarter Hausbücherei« 1948 entstanden und 1959 umbenannt. Zum Marktführer entwickelte sich der 1950 gegründete »Bertelsmann-Lesering« mit stetig steigenden Mitgliederzahlen bis in die 90er Jahre. Nach dem Erwerb des »Deutschen Bücherbundes« verzeichnete die Verlagsgruppe Bertelsmann 1992 im wiedervereinigten Deutschland 93 Prozent aller Mitglieder der deutschen Buchgemeinschaften und damit mehr als 6,2 Millionen Leser.

In den 90er Jahren etablierten sich jedoch einerseits immer mehr Buchhandelsketten mit einem breiten

Gründungsveranstaltung der Büchergilde Gutenberg
Am 29. und 30. August 1924 tagte der »Bildungsverband der deutschen Buchdrucker« in Leipzig und gründete die »Büchergilde Gutenberg«. Ziel der gewerkschaftlichen Buchgemeinschaft war es, Arbeitern und ihren Angehörigen kostengünstig Bücher zum Kauf anzubieten, um den Zugang zu Bildung und Kultur zu erleichtern.

Bildungsverband der deutschen Buchdrucker
Vertretertagung
abgehalten vom 28. bis 30. Aug. 1924 im Volkshaus zu Leipzig

Paul Voigt, i. Fa. G. Brandes

Sortiment am Markt, andererseits entwickelte sich der Internet-Versandbuchhandel, beispielsweise über das amerikanische Online-Versandhaus Amazon.com. Infolgedessen verzeichneten die Buchgemeinschaften und Buchclubs schwindende Mitgliederzahlen und sinkende Umsätze. Der Trend, auch bei den zirka 8.000 Einzelhändlern in Deutschland, geht zur Erweiterung des Warensortiments um so genannte Non-Book-Medien, wie Tonträger, Videos, DVD und CD-Rom. Aktuell findet man aber auch Schreibwaren, Spielzeug oder Lifestyleartikel im Angebot.

Neben dem Medium Buch konnte sich auch das Heft als Massenmedium etablieren. Seine Anfänge datieren bis in das 16. Jahrhundert zurück. Der Begriff bezeichnete ursprünglich ein Printprodukt, das aus mehreren gefalteten Papierbogen bestand, die mit einem Umschlag versehen waren. Seit dem 19. Jahrhundert erschienen in Heftform vorrangig Romane und Fortsetzungsromane, die in Serie veröffentlicht wurden. Mitte des 20. Jahrhunderts kamen die Comic-Hefte auf den Markt. Die schwarzweißen oder farbigen Bildergeschichten in Fortsetzungen erscheinen seit den 80iger Jahren auch als Taschenbücher.

Eine wichtige Voraussetzung für die kostengünstige Produktion von Büchern und Heften, und damit auch für ihre Entwicklung zu Massenmedien, war die Opti-

Buchbinder
Feder- und Kreidelithografie von Jakob Ferdinand Schreiber, 1875
Erst die Entwicklung von Maschinen zum Falzen, Schneiden und Binden der bedruckten Bögen ermöglichte die kostengünstige Produktion von Büchern und die Entwicklung zum Massenmedium.

mierung der Buchbinderei Mitte des 19. Jahrhunderts. Diese setzte um 1850 mit der Erfindung der Schneide-, Falz- und Heftmaschinen ein. Nach der Erfindung der Hebel- beziehungsweise Radschneidemaschine im Jahr 1844 wurden ab 1858 in der Leipziger Maschinen-bauwerkstatt von Karl Kraus Schneidemaschinen pro-duziert, mit denen man auch dickere Materialien, wie beispielsweise Pappen für die Decken der Einbände, zuschneiden konnte.

Die erste Maschine zum Falzen bedruckter Rohbo-gen, so genannter Planobogen, ließ sich der Engländer Thomas Birchall 1847 patentieren. Versuche, einzelne Lagen der Druckbogen von Heften und Büchern maschinell zu verbinden, datieren schon in die erste Hälfte des 19. Jahrhunderts. Bereits 1832 stellte der Engländer Philipp Watt eine Fadenheftmaschine vor, die jedoch nicht praxistauglich war. Auch das von Thomas Richardson 1842 entwickelte Modell genügte den Anforderungen nicht. Erst 1856 gelang es dem Amerikaner David McConnel Smyth, eine Fadenheft-maschine zu konstruieren, die sich in optimierter Ausführung ab 1889 am Markt durchsetzten konnte. Etwa zeitgleich kamen, neben den Fadenheftmaschi-nen, auch Drahtheftmaschinen in der Buchbinderei zum Einsatz.

Die Klebebindung, die sich der Österreicher Johann von Kronberg 1811 patentieren ließ, war ein weiterer wichtiger Schritt in der Geschichte der Medien Buch und Heft. Sie wurde jedoch erst nach 1936 auf der Ba-sis einer neuen Methode, die Emil Lumbeck entwickelt hatte, in der Produktion eingesetzt. Lumbecks Kaltkle-beverfahren ermöglichte es, Einzelblätter oder Rohbo-gen ausschließlich mit Hilfe eines Kunstharzes zu Buchblöcken zu verbinden. Die einfache und strapa-zierfähige Broschur-Klebebindung war eine kosten-günstige Methode, die weiter entwickelt wurde und auch heute noch, in Form von Dispersions-, Hotmelt-und PUR-Klebungen, Anwendung findet.

Das Lumbeck-Verfahren beruht im Wesentlichen da-rauf, dass man den Buchblock im Bereich des zukünf-

Buchmessen in Deutschland
Als größte und wich-tigste Messe für die internationale Ver-lagsbranche gilt die Frankfurter Buch-messe. Schon im 16. Jahrhundert war Frankfurt der bedeu-tendste Handels-platz für Bücher im deutschen Reich. Die Buchmesse in ihrer heutigen Form wurde 1949 durch die Arbeitsgemein-schaft deutscher Verleger- und Buch-händler-Verbände begründet. Der zwei-te traditionsreiche Messeplatz für die Buchbranche ist Leipzig.

Börsenverein des Deutschen Buchhandels
1825 Gründung des Börsenvereins der Deutschen Buchhändler in Leipzig
1948 Gründung der Arbeitsgemeinschaft deutscher Verleger- und Buchhändler-Verbände in den westlichen Besatzungszonen
1955 in Börsenverein des Deutschen Buchhandels umbenannt
1991 Anschluss des Leipziger Börsenvereins der Deutschen Buchhändler.

tigen Buchrückens anfräst und mit einer Leimschicht versieht, auf die anschließend der flexible Broschurumschlag aufgeklebt wird. Man setzte es in der Buchproduktion zunächst für die Herstellung von kleinformatigen Nachdrucken und von Originalausgaben ein, die seit 1939 auch im Taschenbuchformat aufgelegt wurden. Die Akzeptanz und Verbreitung der Klebetechnik in den 40er Jahren und der große Erfolg der günstig prodzierten Taschenbücher führte seit den 50er Jahren zu einem wachsenden Angebot im Niedrigpreis-Sektor Taschenbuch und im Bereich der nicht an ein Format gebundenen Softcover-Titel.

Zu Beginn des 21. Jahrhunderts erschienen bereits mehr als ein Drittel aller neuen Romane im Taschenbuchformat mit Broschur, also als Buchblock mit flexiblem Umschlag. Insgesamt meldete der Börsenverein des deutschen Buchhandels, der seit 1971 das »Verzeichnis lieferbarer Bücher« herausgibt, in den letzten Jahren 80.000 bis 85.000 Neuerscheinungen jährlich. Den höchsten Umsatz im Taschenbuchbereich generierten belletristische Titel mit etwa 65 Prozent, im Hardcover-Bereich waren es wissenschaftliche Publikationen, Sachbücher und Ratgeber mit etwa 50 Prozent.

Für die Herstellung der hochwertigen Hardcover-Titel mit Klebebindung oder Fadenheftung sind nach wie vor mehrere Zwischenschritte erforderlich. So muss der Buchblock mit einem Gazestreifen verbunden werden, der dann den Buchblock mit der Buchdecke verbindet. Die Buchdecke besteht aus Pappe, sie kann mit Papier, Leinen oder Leder überzogen werden. Der Einband kann zudem mit einem Schutzumschlag aus bedrucktem, kaschiertem oder lackiertem Papier

versehen sein. Darüber hinaus wird bei einem Hard-
cover gelegentlich ein Leseband in den Buchblock integriert. Dieses schmale Webband aus Seide, Kunstseide
oder Baumwolle, das man zwischen die Seiten legt,
dient der Wiederauffindung von Textpassagen.

Für Publikationen aller Art, deren Auflagenhöhe
schwer einschätzbar ist, oder für Werke, die lange lie-
ferbar gehalten werden sollen, aber auch für Reprints
und Nachdrucke, gibt es ein neues Publikationsver-
fahren, das sich unter dem Begriff Book-on-Demand
(BoD), also »Buch auf Bestellung«, etabliert hat. Die
Anfänge dieser Technik, die häufig auch von Autoren
genutzt wird, die ihre Werke im Selbstverlag veröffent-
lichen, datieren in die Mitte der 90er Jahre. Grundlage
für BoD ist die elektronische Speicherung der digitali-
sierten Druckdaten; bei Bedarf wird die gerade benötigte Menge eines Titels ausgedruckt, in der Regel
findet dafür ein Laserdrucker Verwendung; auf diese
Weise können selbst einzelne Exemplare vergleichsweise kostengünstig hergestellt werden. Etwa 3 Prozent
der gesamten Buchproduktion entsteht in Deutschland
inzwischen über Book-on-Demand.

Kennzeichnend für alle digitalen Druckverfahren ist
die Übertragung des Druckbildes in die Druckmaschi-
ne über den Computer. Dabei gibt es unterschiedliche
Verfahren: entweder wird noch eine Druckform im
herkömmlichen Sinn genutzt (Computer-to-plate) oder
sie ist nur noch virtuell vorhanden (Computer-to-
press). Die so genannten NIP-Verfahren (Non-Impact-
Printing) verzichten völlig auf die Druckform. Die Zahl
dieser elektronischen Druckverfahren, die ohne feste
Druckvorlagen auskommen, steigt stetig an. Ohne
Druckformen arbeiten beispielsweise Laserdrucker,
Tintenstrahldrucker oder auch Zeilendrucker.

Im Wettbewerb um die Leser öffnet sich auch das
Medium Buch, ebenso wie die Medien Zeitung und
Zeitschrift, digitalen Publikationsstrategien (Electronic
Publishing). Parallel hierzu entwickelt sich der Online-
Buchmarkt mit einem wachsenden Angebot an digita-
len Büchern, so genannten Electronic Books (E-Books).

Als E-Book bezeichnet man Online-Publikationen, die in Form und Aufbau dem klassischen Medium Buch entsprechen. Der Vorteil des neuen Mediums liegt in der digitalen Speicherung von Bildern und Texten, die die Integration von Suchfunktionen und die Setzung von Hyperlinks, in Form von Verweisen, ermöglicht. Bei der Mehrzahl der E-Books auf dem deutschsprachigen Markt handelt es sich um Fachbücher, die, da die Aufwendungen für die Logistik im Vergleich zum klassischen Medium Buch verhältnismäßig gering sind, kostengünstig zum Download angeboten und digital gedruckt werden können.

Unter dem Begriff »Buch« werden aber auch andere Publikationsformen, die der Buchhandel vertreibt, beispielsweise die Hörbücher, subsumiert. Dabei handelt es sich um Lesungen oder Texte, die von einer oder mehreren Personen gesprochen und gegebenenfalls von Geräuschen oder Musik begleitet werden. Ursprünglich auf Schallplatte gespeichert, bedienen sich die Hörbücher seit den 60er Jahren des 20. Jahrhunderts neuer Träger- und Speichermedien, wie der MC (Music Cassette) und seit den 90er Jahren der CD (Compact Disc). Das Medium Hörbuch, dessen Anfänge ins 19. Jahrhundert zurück datieren, nutzt aktuell auch neue Formate, die im Internet dominieren, beispielsweise MP3 (MPEG-1 Audio Layer 3). Erste interaktive Hörbücher im DAISY-Format (Digital Accessible Information System), dem weltweiten Standard für das Medium Hörbuch mit einer Laufzeit von 40 Stunden pro DAISY-CD, wurden in Europa 2005 vorgestellt (siehe Seite 144 ff.).

Hörbuch im DAISY-Format
Tatort Schweiz, 18 kriminelle Geschichten, 2005, Limmat Verlag Erstes interaktives Hörbuch im DAISY-Standard in Europa. Durch umfassende hierarchische Navigationsfunktionen kann im Hörbuch »geblättert« werden, die Sprechgeschwindigkeit lässt sich individuell regulieren.

Briefe und Kleindrucke

Unter dem Begriff »Kleindruck« werden eine Vielzahl von Medien subsumiert, die sich immer stärker ausdifferenzieren, wobei

ihr Erscheinungsbild und die Produktionstechniken einem ständigen Wandel unter-
liegen.

Bereits im 19. Jahrhundert stieg die Zahl
der Kleindrucke stetig an. In unterschiedlicher
Auflagenhöhe wurden unter anderem Hefte
und Kataloge, Prospekte und Plakate, Flugblätter und Handzettel, Kalender und Land-
karten, Verpackungen und Etiketten, Adress-
und Geschäftskarten sowie Briefmarken und
Postkarten gedruckt. In Anbetracht dieser
Vielfalt sollen im Folgenden das Medium
Brief sowie begleitende Kleindrucke und ihre
Entwicklung in der Moderne stellvertretend
betrachtet werden.

Bis zur Wende vom 18. zum 19. Jahrhundert wurden
die Briefbogen nur einseitig beschrieben, gefaltet, gesiegelt und adressiert. Als Erster bot ein englischer
Papierwarenhändler in Brighton kleine »Taschen« als
Schutzhüllen für die beschriebenen Briefbogen an,
Vorläufer der modernen Briefumschläge. Um 1845 begann man Briefumschläge in England auch maschinell
zu fertigen und bereits wenige Jahre später wurden sie
in ganz Europa gehandelt. Neben schmucklosen Ausführungen stellte man aufwändig gedruckte, zum Teil
geprägte oder gestanzte Umschläge her.

1837, wenige Jahre nach der Einführung des Brief-
umschlages, empfahl der Postreformer Rowland Hill,
späterer Sekretär des Generalpostmeisters, dem Par-
lament die Einführung einer einheitlichen Beförde-
rungsgebühr von einem Penny pro Brief. 1839 wurde
der Penny als Grundgebühr gesetzlich verankert und
im darauf folgenden Jahr die Franko-Briefmarke eingeführt, die auf den Briefumschlag aufgeklebt wurde.
Der Absender zahlte mit dem Erwerb der »One Penny
Black« die landesweit einheitliche, günstige Beförde-
rungsgebühr für Standardbriefe. Diese neuartige Form
des Briefversandes etablierte sich unter dem Begriff
»Penny Post«.

Die auf Papierbogen gedruckten ersten Briefmarken,

**Rowland Hill
(1795–1879)**
In seiner Schrift »Post
office reform, its impor-
tance and practicability«
von 1837 fordert Hill
eine Reform des engli-
schen Postwesens. Ein
zentraler Punkt ist die
Erhebung einer einheit-
lichen Beförderungs-
gebühr.

One Penny Black
Die erste Briefmarke
der Welt erschien 1840
und zeigt das Profil von
Königin Victoria.

die Penny Black zu einem und die Penny Blue zu zwei Penny, mussten anfangs noch auseinander geschnitten werden. Perforierte Postwertzeichen kamen erst ab 1854, nach der Erfindung der Perforiermaschine durch den Engländer Henry Archer im Jahr 1847, auf den Markt.

Die Postwertzeichen verbreiteten sich in den folgenden Jahren weltweit. In Deutschland führte Bayern im Jahr 1849 die erste Briefmarke ein, die, in Anlehnung an die Penny Black, »Schwarze Einser« genannt wurde. Bis 1864 etablierten sich die Postwertzeichen in allen deutschen Staaten. Die erste Briefmarke der Deutschen Reichspost erschien 1872, im gleichen Jahr, in dem auch die ersten amtlichen Verkaufsstellen eingerichtet wurden. Eine Vereinheitlichung der Postwertzeichen erfolgte in Deutschland erst 1875.

Heinrich von Stephan (1831–1897)
Der Oberpostrat, Generalpostdirektor und Staatssekretär im Reichspostamt war der Initiator des ersten internationalen Postkongresses 1874 in Bern mit Teilnehmern aus 22 Staaten und Mitbegründer des »Weltpostvereins«.

Mit dem wirtschaftlichen Aufschwung und der zunehmenden Lese- und Schreibfähigkeit nutzte ab Mitte des 19. Jahrhunderts ein stetig wachsender Teil der Bevölkerung das Medium Brief für die private Korrespondenz. Heinrich von Stephan, preußischer Oberpostrat, schlug 1865 auf einer Postkonferenz vor, dem Bedürfnis nach einer preiswerten und unkomplizierten Art, kurze Mitteilungen zu versenden, mit der Einführung einer offenen »Correspondenzkarte« zu entsprechen. Sein Vorschlag wurde von den Konferenzteilnehmern mit dem Hinweis auf das Briefgeheimnis abgelehnt. Erst 1869 wurde der Gedanke in Wien von Emanuel Hermann aufgegriffen und eine »Correspondenzkarte« mit Adress- und Mitteilungsseite sowie einer aufgedruckten Zwei-Kreuzer-Marke eingeführt. Diese Form der schmucklosen Postkarte verbreitete sich in den folgenden Jahren in ganz Europa.

Mehrfarbig bedruckte Bildpostkarten in verschiedenen Formaten kamen um 1890 in den Handel. Wichen die Bildpostkarten wesentlich von der Standardgröße von neun mal vierzehn Zentimetern ab und konnten deshalb nicht gebündelt werden, erhöhte sich die Be-

förderungsgebühr. 1897 wurde dann der so genannte
»Kartenbrief« eingeführt, eine Doppelkarte, ebenfalls
mit aufgedrucktem Postwertzeichen, deren Produktion
man mangels Nachfrage 1922 wieder einstellte.

Im Zusammenhang mit der Diversifizierung der Korrespondenz entstanden im ausgehenden 19. Jahrhundert, basierend auf den Briefstellern, die so genannten
Universalbriefsteller. Diese enthielten unter anderem
Musterbriefe für die private und geschäftliche Korrespondenz, Vorlagen für Einladungs-, Glückwunsch-,
Dankes- und Beileidsschreiben, für Klageschriften und
Beschwerdebriefe, aber auch für Abschieds- oder Liebesbriefe. Darüber hinaus lieferten sie formale Hinweise auf Beschreibstoff, Gestaltung, Textumfang und
Versandform. Die Taschenbuchausgaben der Universalbriefsteller gehörten, neben Nachschlagewerken für
Grammatik und Orthografie, zu den so genannten
Volksbüchern und wurden von Hausierern, ebenso wie
die Heft- oder Groschenromane, an der Haustür gehandelt. Erst im 20. Jahrhundert verdrängten Wörter-
bücher, Nachschlagewerke und Ratgeber die Universalbriefsteller vom Markt.

Parallel zu dieser Entwicklung setzte, mit der Einführung der Schreibmaschine als kleiner Privatdrucke-
rei, in der Korrespondenz eine Verdrängung der Handschrift durch die Typografie ein. Wurden anfangs
vorwiegend Geschäftsbriefe auf der Schreibmaschine
verfasst, so verwendete man sie, nach ihrer Übernah-

Karl Freiherr Drais von Sauerbronn (1785–1851)
Zu seinen bedeutendsten Leistungen gehört neben der Entwicklung der Schreibmaschine mit Typenhebeln und der Stenomaschine mit Lochstreifen die Erfindung eines Laufrades, der Draisine.

me in die bürgerlichen Haushalte, auch zum Aufsetzten privater Briefe.

Das Konzept für die Konstruktion einer Maschine zum Schreiben von Buchstaben entwickelte der Engländer William Henry Mill, der hierfür bereits 1714 das Patent erhielt. Ziel der frühen Konstrukteure war es, einerseits einzelne Dokumente in Druckqualität zu erzeugen und andererseits eine Möglichkeit zu finden, blinden Menschen das Schreiben zu erleichtern. Die erste funktionstüchtige Schreibmaschine, die der Italiener Pellegrino Turi 1808 baute, war zur Verwendung durch eine Blinde bestimmt. In den folgenden Jahrzehnten wurden verschiedene Schreibmaschinenmodelle vorgestellt, deren Funktion im Wesentlichen darin bestand, dass man eine spiegelverkehrte Type gegen einen Papierbogen presste und so einen Abdruck erzeugte. 1822 baute der Deutsche Karl Freiherr Drais von Sauerbronn eine Schreibmaschine mit Typenhebeln und entwickelte bis 1829 die »Tastenschreibmaschine«. Das erste Modell mit Farbband präsentierte 1855 der Italiener Giuseppe Ravizza.

Dem Dänen Malling Hansen gelang schließlich 1870

die Einführung der von ihm entwickelten »Schreibkugel« *(skrivekugle)* am Markt. Zeitgleich wurde in den USA das erste Modell präsentiert, das in großer Stückzahl industriell gefertigt wurde, der »Sholes & Glidden Typewriter«, benannt

Schreibkugel
1867, Konstrukteur: Malling Hansen

nach seinen Entwicklern Christopher Latham Sholes und Carlos Glidden. 1873 nahm Remington die Produktion dieses Modells auf und vertrieb es ab 1874 unter dem Namen »Remington No 1«. Vier Jahre später erschien die »Remington No 2« im Handel, die mit einer Transportvorrichtung für das Farbband ausgestattet war und die Möglichkeit bot, zwischen Groß- und Kleinschreibung der Buchstaben umzuschalten.

In Deutschland wurde die erste Schreibmaschine in der Nähmaschinenfabrik Guhl & Harbeck in Hamburg produziert und ab 1882 unter dem Namen »Hammonia« vertrieben. 1893 ließ sich der Deutschamerikaner Franz Xaver Wagner seine »Typenhebelschreibmaschine« patentieren. Anders als bei den Vorgängermodellen war das Geschriebene hier direkt sichtbar, ohne dass zuvor der Wagen oder die Walze nach oben geklappt werden musste. Ab 1896 brachte John T. Underwood, ein Produzent von Tinten und Farbbändern, die Typenhebelschreibmaschine »Underwood No 1« auf den Markt. Das Modell No 5 aus dem Jahre 1900 war so erfolgreich, dass die Underwood-Typewriter-Company die Marktführerschaft in den USA übernahm.

Underwood No 1
Mechanische Typenhebelschreibmaschine, nach 1896

Die erste elektrische Schreibmaschine, die sich jedoch auf dem amerikanischen Markt nicht durchsetzen konnte, wurde 1903 vorgestellt. Im gleichen Jahr begann die Allgemeine Elektricitäts-Gesellschaft (AEG) in Berlin mit dem Bau von »Zeigerschreibmaschinen«. Mit der linken Hand wurde hier ein Zeiger zu dem jeweiligen Buchstaben bewegt und anschließend mit der rechten Hand der Anschlag ausgeführt. Bis 1933 produzierte man 350.000 solcher Maschinen vom Typ »Mignon«. Die erste Reiseschreibmaschine »Erika No 1« kam 1910 auf den deutschen Markt und wurde in Dresden gebaut. Das erste serienmäßig hergestellte Modell mit elektrischem Antrieb war ab 1921 unter dem Namen »Mercedes Elektra« im Handel erhältlich.

Erika No 1
Werbeplakat für die
Reiseschreibmaschine,
1910

Nach dem Zweiten Weltkrieg übernahm das amerikanische Unternehmen International Business Machines (IBM) die Führung auf dem Schreibmaschinenmarkt und stellte 1944 das erste Modell mit Proportionalschrift vor, die »IBM Executive«. Ab 1961 war die »IBM Selectric« im Handel, die erste elektrische Schreibmaschine mit Kugelkopf. Sie hatte keinen Wagen mehr, sondern der Kugelkopf, auf dem die Buchstaben sitzen, war selbst beweglich. In den folgenden Jahren wurden die Modelle weiter optimiert und die Qualität von Farb- und Korrekturbändern verbessert. 1973 folgte dann die

IBM Selectric
Elektrische Schreib-
maschine, 1961

tastengesteuerte Korrektureinrichtung und 1978 die Nutzung von Diskette oder Floppy Disk. In den 80er Jahren erreichte diese Entwicklung ihren Höhe- und Endpunkt durch die Ausstattung der Geräte mit Display und Massenspeicher, bevor sie Ende des 20. Jahrhunderts von Personal Computern mit »Word-Processing« abgelöst wurden (siehe Seite 133 ff.).

Postwesen

Seit der Einführung des Personal Computers (PC) ist die Anzahl der privaten Briefsendungen, ob handschriftlich oder maschinenschriftlich, rückläufig. Mitteilungen aller Art werden zunehmend elektronisch versendet, mit weiterhin steigender Tendenz. 1980 beförderte die Deutsche Bundespost rund 12,2 Milliarden Briefe, eine Zahl, die sich im Kontext der Kampagne »Schreib mal wieder!« bis Mitte der 80er Jahre noch einmal um etwa eine Milliarde steigern ließ. Dies entsprach pro Kopf der Bevölkerung fast 200 Briefen jährlich. Seit dem Ende der 80er Jahre sinkt die Zahl der Briefsendungen pro Einwohner, mit Ausnahme der Werbesendungen, stetig.

Die Entwicklung des Postwesens im 20. Jahrhundert wurzelte im wachsenden Kommunikationsbedürfnis und den steigenden Ansprüchen der expandierenden Wirtschaft zu Beginn der Moderne. Bereits Mitte des 19. Jahrhunderts konnte das bestehende Postwesen den wachsenden Anforderungen nicht mehr genügen. Infolgedessen wurde 1871, mit Inkrafttreten der Verfassung des Deutschen Reiches, die Deutsche Reichspost gegründet. Sie löste die Norddeutsche Bundespost ab und synchronisierte Wertzeichen, Währungen, Postordnungen und Beförderungssysteme. Lediglich die bayrische und die württembergische Postverwaltung blieben bis 1920 noch eigenständig. Den erhöhten Anforderungen war die Post aber erst gewachsen, als sie sich 1875, mit der Gründung des Weltpostvereins, als Medienverband organisierte. Initiiert wurde dieser Zusammenschluss 1874 durch den Generalpostmeister Heinrich von Stephan.

In den Jahrzehnten nach ihrer Gründung expandierte die Deutsche Reichspost und die Anzahl der Briefkästen und Postämter vervielfachte sich. Hinzu kam, dass die internen Abläufe zunehmend optimiert wurden. Unter anderem beschleunigten ab 1890 Stempelmaschinen die Arbeit in den Postämtern. Zudem wurde das Transportnetz weiter ausgebaut und neue Transportmittel integriert. So erhielt die Deutsche

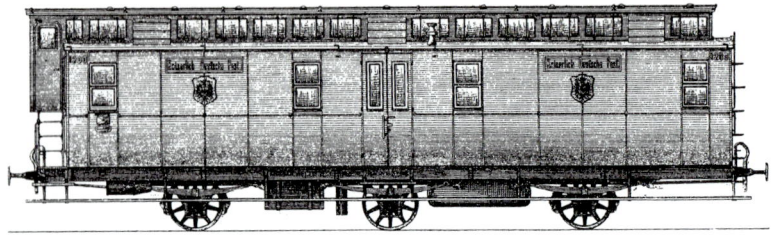

**Preußischer Bahnpost-
wagen**
Lithografie, 1867

**Werner von Siemens
(1816–1892)**
Siemens entwickelte
den elektrischen Zeiger-
telegrafen mit Selbst-
unterbrechung und ein
Verfahren zur Isolierung
von Kabeln. Mit dem
Bau der ersten Dynamo-
maschine, der ersten
elektrischen Straßen-
bahn und des ersten
elektrischen Aufzugs
legte er den Grundstein
für den Siemens-Kon-
zern.

Reichspost 1875 das Recht, Züge zur Postbeförderung
zu nutzen, an die bei Bedarf Postwagen unentgeltlich
angehängt werden durften. Die Eisenbahn übernahm
aber nicht nur den Transport der Briefpost, sie beförderte auch Drucksachen und Kleingüter. Mit der Einführung weiterer Transportmedien, wie dem Postfahr-
rad 1896, dem Postmotorrad 1903 und dem Postauto
1906, konnte die Zustellung vor Ort erheblich beschleunigt werden.

Erweitert wurde das Transportsystem außerdem
durch die Einrichtung der Rohrpost. Der dänische Ingenieur George Medhurst beschrieb 1810 erstmals das
Prinzip des Transports von Objekten mittels pneuma-
tischer Röhren. 1854 fanden in Frankreich und England erste Versuche mit dem Ziel statt, Gegenstände
bei hoher Luftverdünnung beziehungsweise -verdich-
tung durch ein Röhrensystem von einem Ort zum anderen zu transportieren. In Deutschland experimentierte Werner von Siemens mit der Rohrpost, die erstmals 1865 in Berlin eingerichtet wurde und
das Haupttelegrafenamt mit dem Telegrafen-
amt der Börse verband. Motiviert war der Aufbau solcher Netze durch die steigende Zahl an
Telegrammen (siehe Seite 92 ff.).

Nachdem Reichskanzler Otto von Bismarck
die Reichspost und die Telegrafenverwaltung
zu einer obersten Reichsbehörde zusammengefasst hatte, lag auch die Übersendung von
Telegrammen ab 1876 im Zuständigkeitsbe-
reich der Deutschen Reichspost. In den Syste-
men, die in großen deutschen Städten eingerichtet wurden, beförderte man vorwiegend

Eilsendungen. In Berlin erreichte das Netz, an das zirka 80 Post- und Telegrafenämter angeschlossen waren, eine Gesamtlänge von mehr als 400 Kilometern. Der öffentliche Betrieb der Rohrpost wurde im letzten Drittel des 20. Jahrhunderts eingestellt. Hausintern arbeiten Warenhäuser, Bibliotheken und Krankenhäuser auch zu Beginn des 21. Jahrhunderts noch mit Rohrpostanlagen.

Der Postverkehr nach Amerika profitierte insbesondere vom Ausbau der Postschifflinien. 1891, im Kontext der Auswanderungswelle ab 1880, richtete man auf Postdampfern in die USA sogar Postämter ein. Den Transport der internationalen Briefpost übernahmen ab 1912 auch Postflugzeuge. Die Idee zur Einführung der Luftpost datiert bereits in das Jahr 1874, in dem Generalpostmeister Heinrich von Stephan in

Der Postdampfer »Elbe«
Lichtdruck, o. J.

einem Vortrag auf die Möglichkeiten zur Nutzung der
Luftschifffahrt für die Postbeförderung hinwies. Der
erste Postflug erfolgte zu Demonstrationszwecken
1909 im Rahmen einer Flugausstellung in Mailand.
Der erste offizielle Flug der Deutschen Reichspost fand
1912 zwischen Mannheim und Heidelberg statt.

Private Unternehmen beförderten im letzten Viertel
des 19. Jahrhunderts noch etwa die Hälfte aller Briefsendungen. Erst im Jahr 1900 erhielt das Staatsunter-
nehmen per Gesetz das Beförderungsmonopol. In den
folgenden Jahren wurde das Spektrum der angebote-
nen Dienstleistungen erweitert; so richtete die Deutsche Reichspost 1906 einen Postscheckdienst ein, über
den bargeldlose Zahlungen getätigt werden konnten.
Ab 1920 war es möglich, auch Päckchen mit der Post
zu versenden. Zeitgleich wurde der Sektor Telefonie
der Deutschen Reichspost zugeordnet, so dass die Behörde nun für Post, Telegrafie und Telefonie zuständig
war.

Nach dem Zweiten Weltkrieg und der Teilung
Deutschlands wurden 1950 zwei Behörden als Nachfol-
geinstitutionen der Deutschen Reichspost gegründet,
die Deutsche Bundespost und die Deutsche Post der
DDR. In den folgenden Jahren konnte der Postverkehr
weiter beschleunigt und optimiert werden, beispielsweise durch die Einführung des Postleitzahlensystems
1963 und die Automatisierung der Arbeitsabläufe in
den Post- und Verteilerämtern. 1980 führte die Deutsche Bundespost in 600 Postämtern den Telebriefver-
kehr ein, bei dem die Übertragung mittels Telefaxgerä-
ten oder Fernkopierern über Fernsprechnetze oder
Satellitenfunk erfolgt. Mit der Wiedervereinigung übernahm die Deutsche Bundespost 1990 die Deutsche
Post der DDR.

Die uneingeschränkte Monopolstellung der Behörde
wurde mit der Zulassung von privaten Paketdiensten
und regionalen Zustelldiensten von Briefpostsendun-
gen in den 80er Jahren aufgehoben. Im Rahmen der
ersten Postreform erfolgte 1989 die Aufteilung in drei
Geschäftsfelder: Postdienst, Postbank und Fernmelde-

Deutsche Post AG
Logo, nach 1995

dienst, ab 1992 Telekom. In Folge der zweiten Postreform von 1994, die gekennzeichnet war vom Gedanken der Privatisierung des Staatsunternehmens, gingen aus der Deutschen Bundespost 1995 die Deutsche
Post AG, die Deutsche Telekom AG und die Postbank
AG hervor. Der Börsengang der Deutschen Post AG
erfolgte im Jahr 2000, seit Juni 2005 ist das Unternehmen mehrheitlich in Privatbesitz. Nach dem Auslauf
der Exklusivlizenzen für das Unternehmen wird der
Postmarkt 2007 wieder vollständig für den freien Wettbewerb geöffnet.

Übertragungsmedien

Unter dem Begriff »Übertragungsmedien« werden sowohl die technischen Einrichtungen subsumiert, die
der optischen oder akustischen Nachrichtenübermittlung dienen, als auch die Materialien oder Stoffe, die
als Träger- und Speichermedien fungieren. Im Hinblick auf die verwendeten Technologien unterscheidet
man zwischen digitalen und analogen Übertragungstechniken. Die frühesten Techniken zur akustischen
und optischen Signalübertragung mittels Hörnern,
Trommeln, Fackel- oder Rauchzeichen datieren zurück
bis in die Zeit vor Christus.

  In der Kommunikationstechnik wird zudem zwischen den verschiedenen Übertragungswegen diffe-
renziert: Drahtweg, Funkweg oder Lichtweg. Die
Signalübertragung erfolgt mittels unterschiedlicher
Transportmedien sowie verschiedener Träger- und
Speichermedien. Auf dem Drahtweg wird das Informa-
tionssignal als nieder- oder hochfrequenter elektrischer
Wechselstrom übertragen. Als Transportmedien dienen Kabel oder Leitungen aus Metall, isoliert durch
einen Kunststoffmantel. Auf dem Funkweg hingegen
erfolgt die Signalübertragung mittels hochfrequenter

Analoge und digitale Technik
In der Analogtechnik wird der Wert einer physikalischen Grö-ße, beispielsweise Strom oder Span-nung, sowie deren zeitlicher Verlauf er-fasst, übertragen und ausgewertet. In der Digitaltechnik werden analoge in digitale beziehungs-weise digitale in analoge Signale um-gesetzt sowie digita-le Signale verarbei-tet.

elektromagnetischer Wellen und als Transportmedium dient die Luft. Die Übertragung der Signale auf dem Lichtweg erfolgt mittels elektromagnetischer Wellen im Frequenzbereich des elektromagnetischen Lichts. Als Transportmedien kommen Lichtwellenleiter aus Glas-, Quarz- oder Kunststofffasern zum Einsatz.

Optische Medien

Zu den vorwiegend analogen optischen Medien gehören historisch betrachtet Telegrafie, Fotografie, Film und Fernsehen. Auch der Computer zählt zu den optischen Medien, wobei die Informationen hier überwiegend in digitaler Form übertragen werden.

Telegrafie

Ende des 18. Jahrhunderts entwickelte der Franzose Claude Chappe ein neues optisches Telegrafiesystem, die Semaphoren-Telegrafie. Der Semaphor oder auch Flügeltelegraf bestand aus einem hohen Mast mit zwei Signalarmen. Die Signalarme setzten sich aus zwei Querbalken zusammen, an deren Enden wiederum zwei schwenkbare Balken angebracht waren. Die verschiedenen differierenden Positionen dieser Signalarme waren jeweils einem Buchstaben oder Zeichen zugeordnet. Die Übertragungszeit eines Signals lag bei zirka zwei Minuten, der Abstand zwischen den einzelnen Semaphoren betrug, in Abhängigkeit vom Gelände, etwa zehn Kilometer. In jeder der zahlreichen Telegrafenstationen waren zwei Telegrafisten tätig, die mittels eines Fernrohres die Signale empfingen, an dem Semaphor ihrer Station einstellten beziehungsweise als Empfangsstation die Zeichen decodierten.

Die ersten Telegrafenlinien wurden in Frankreich bereits vor der Jahrhundertwende in Betrieb genommen und in der ersten Hälfte des 19. Jahrhunderts zu einem flächendeckenden Telegrafennetz

Telegraf
Optischer Telegraf auf dem Dach des Louvre in Paris, Holzstich, o. J.

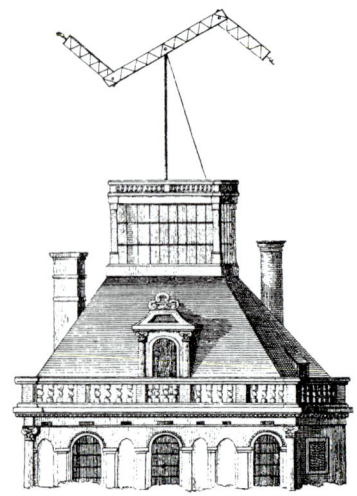

ausgebaut. Auch in Deutschland und anderen europäischen Staaten etablierte sich die Semaphoren-Telegrafie in diesem Zeitraum als Übertragungssystem.

Parallel zur Ausweitung der Semaphoren-Telegrafie
wurden in der ersten Hälfte des 19. Jahrhunderts na-
turwissenschaftliche Erkenntnisse gewonnen und technische Fortschritte erzielt, auf deren Grundlage sich
eine drahtgebundene oder elektrische Telegrafie entwickeln konnte. Da die Signalübertragung mittels der
drahtgebundenen Telegrafie wetterunabhängig, schnel-
ler, kostengünstiger und sicherer war als die Semaphoren-Telegrafie, verdrängte sie diese in der zweiten
Hälfte des 19. Jahrhunderts als Übertragungstechnik.
Lediglich in der Seefahrt und in der Kommunikation
über kurze Strecken wurde weiterhin über Winkzei-
chen, Flaggensignale oder Morselampen kommuni-
ziert.

Nach ersten Versuchen mit elektrischen Telegrafen
konnten die deutschen Gelehrten Wilhelm Weber und
Carl Friedrich Gauß, aubauend auf der Entdeckung der
elektromagnetischen Induktion durch den britischen
Naturwissenschaftler Michael Faraday, 1833 die ersten
erfolgreichen Versuche mit elektromagnetischen Telegrafen durchführen. Hierbei wurden die Signale mittels positiver oder negativer Spannungspulse übertragen, die man über eine Induktionsspule erzeugte.

Der nächste Entwicklungsschritt wurde 1837 mit der
Konstruktion des ersten Morseapparates
durch den amerikanischen Erfinder Samuel
Finley Breese Morse vorbereitet. Nach fünf-
jähriger Entwicklungszeit ließ er sich den von
ihm konstruierten Morsetelegrafen patentieren. Bereits 1838 stellte Alfred Lewis Vail,
ein Mitarbeiter Morses, den ersten Punkt-
Strich-Code vor, der in modifizierter Form ab
1844 zum Einsatz kam und als Morsecode
bekannt wurde.

Die Apparatur, der Morsetelegraf, bestand
im Wesentlichen aus einer Kontakttafel, auf
der neben jedem Buchstaben der entspre-

**Samuel Finley Breese
Morse (1791–1872)**
1843 bewilligte der
amerikanische Kon-
gress den Bau der
ersten Telegrafenverbin-
dung zwischen Washing-
ton, D. C., und Balti-
more in Maryland. Über
diese Distanz von
60 Kilometern sendete
Morse 1844 die erste
elektronische Lang-
nachricht im Morse-
Alphabet.

Morseapparat
nach Samuel Finley Breese Morse,
Schreibapparat, 1880

chende Punkt-Strich-Code auf verschieden langen Kupferplättchen festgehalten war. Durch das Berühren der Plättchen mit einem elektrisch leitenden Stift wurden entsprechend lange oder kurze Stromstöße ausgelöst. Zuvor musste mittels einer Taste der Stromkreis zwischen Sender und Empfänger geschlossen werden. Empfangen wurden die Signale über einen Elektromagneten mit beweglichem Anker, der den Punkt-Strich-Code durch einen Stahlstift auf einen Papierstreifen übertrug. Transportiert wurde dieser Streifen mit Hilfe eines Uhrwerks.

Der Morsecode wurde 1848 von Friedrich Clemens Gerke, dem Inspektor der deutschen »Elektro-Magnetischen Telegraphen-Compagnie«, optimiert und erstmalig in Europa verwendet. 1865 erklärte man den so genannten »American Morse Code« zum weltweiten Telegrafie-Standard-Code. Mit der Einführung der drahtlosen Telegrafie übernahm ihn die »International Telecommunication Union« und setzte ihn unter der Bezeichnung »Internationaler Morsecode« ein. Aktuell ist der Morsecode Bestandteil der Ausbildung von Fernmeldetechnikern und dient im Flugverkehr der Kennung einer Station, die ungerichtetes Funkfeuer aussendet.

Durch die erfolgreiche Verlegung der ersten Transatlantikkabel war bereits 1858 eine Verbindung zwischen Europa und Nordamerika zustande gekommen. In den folgenden Jahren entwickelte sich die drahtgebundene Telegrafie weltweit von einem Medium, das ursprünglich vorwiegend dem Kommando- und Melde-

Internationaler Morsecode	
A	o –
B	– o o o
C	– o – o
D	– o o
E	o
F	o o – o
G	– – o
H	o o o o
I	o o
J	o – – –
K	– o –
L	o – o o
M	– –
N	– o
O	– – –
P	o – – o
Q	– – o –
R	o – o
S	o o o
T	–
U	o o –
V	o o o –
W	o – –
X	– o o –
Y	– o – –
Z	– – o o

wesen diente, zu einem öffentlich zugänglichen Telekommunikationsmedium.

Der nächste Entwicklungsschritt in der Morsetelegrafie wurde durch die drahtlose Signalübertragung vollzogen. 1899 gelang dem italienischen Ingenieur und Naturwissenschaftler Guglielmo Marchese Marconi die erste drahtlose Verbindung über den Ärmelkanal. Die erste transatlantische Übertragung mittels Funksendern fand im Jahr 1901 statt. Die Apparatur bestand aus einem Wagnerschen Hammer und Kondensatoren, die Hochspannungsimpulse erzeugten. Diese wurden nach dem Morsecode getaktet und über eine Antenne als elektromagnetische Wellen ausgestrahlt. Über einen Fritter oder Kohärer konnten die Impulse dann empfangen und akustisch, als Rauschen, wiedergegeben werden. Durch die drahtlose Übertragung des Morsecodes über Funkwellen entfiel unter anderem das zeit- und kostenintensive Verlegen von Kabeln. Außerdem war es nun möglich, mit beweglichen Zielen wie Schiffen oder Flugzeugen zu kommunizieren.

Eine Weiterentwicklung der Morsetelegrafie stellte der Fernschreiber dar, ein automatisierter Telegraf mit einheitlich fünfstelligem Code, Tastatur- oder Lochstreifeneingabe und Typendruckausgabe. Die übermittelte Nachricht, das Telex (Teleprinter Exchange) etablierte sich in den 30er Jahren des 20. Jahrhunderts. Ab 1933 wurde dann das deutsche Telex-Netz aufgebaut und erst ab 1975 durch das integrierte Text- und Datennetz (IDN, Integrated Digital Network) abgelöst. Mit dem neuen digitalen Fernmeldenetz IDN konnten mehrere Netze, darunter Telex, Gentex und das Direktrufnetz, zusammengefasst werden. Andere Nachfolgemedien des Telex sind das Telefax, das auf der Bildtelegrafie basiert, sowie computergestützte E-Mail-Programme.

Die Grundlagen der Bildtelegrafie wurden in den 40er Jahren des 19. Jahrhunderts in Schottland durch Alexander Bain und Frederick Collier Bakewell gelegt.

Telekommunikation
Mit dem Begriff »Telekommunikation« (von griech. *tele*, »fern«, und lat. *communicare*, »mitteilen«) bezeichnet man den immateriellen Austausch von Informationen über eine größere Distanz.

Guglielmo Marchese Marconi (1874–1937)
Der Physiker und Elektroingenieur war ein Pionier der drahtlosen Telekommunikation und einer der ersten Funkamateure.

**Max Dieckmann
(1882–1960)**
Der Wissenschaftler und Elektroingenieur arbeitete auf dem Gebiet der drahtlosen Telekommunikation und gilt als Begründer der Flugfunk-Forschung. Dieckmann konstruierte ein Fernsehgerät unter Verwendung der Braunschen Röhre und entwickelte die fotoelektrische Abtastung sowie die erste rein elektronische Aufnahmeröhre.

Die teleautografische Methode, nach der dieser Kopiertelegraf arbeitete, wurde unter anderem durch Elisha Gray, Arthur Korn und Max Dieckmann optimiert und zu Beginn des 20. Jahrhunderts verstärkt zur Bildübertragung eingesetzt. Die erste telegrafische Bildübermittlung fand in Deutschland 1904 statt.

Um 1930 entwickelte Dieckmanns ehemaliger Assistent Rudolf Hell den Hellschreiber, der von der Firma Siemens in Produktion genommen wurde. Dieser Typenbildfeld-Fernschreiber, der weniger störungsanfällig war als andere Fernschreibgeräte, wurde bis in die 80er Jahre von den Presseagenturen zur Übertragung von Funknachrichten genutzt.

Im Jahre 1956 trat Rudolf Hell erneut mit einer Erfindung an die Öffentlichkeit, dem Telefax- oder Faxgerät, bei dem die Übertragung der Nachrichten in der Regel über das Telefonnetz erfolgte. Als öffentlich zugängliches Telekommunikationsmedium konnten sich Telefaxgeräte oder Fernkopierer in Deutschland erst in den 80er Jahren etablieren, nachdem die Bundespost 1979 einen entsprechenden Postdienst eingeführt hatte.

Seit dem Ende des 20. Jahrhunderts werden analoge Faxgeräte, die als Sender und Empfänger dienen, häufig in so genannte Multifunktionsgeräte integriert, die auch als Scanner, Drucker und Fotokopierer fungieren. Zunehmend werden sie aber auch durch den PC ersetzt. Hier erfolgt die Übertragung mittels Fax-Server und Modem oder Fax over IP. Seit den 90er Jahren befindet sich das Telefax in direkter Konkurrenz zur E-Mail, deren Versendung ausschließlich mit Hilfe computergestützter E-Mail-Programme erfolgt.

Siemens-Hell-Schreiber
1956
Zu den bedeutenden Entwicklungen von Rudolf Hell (1901–2002) gehören neben dem Hellschreiber das Faxgerät, der Scanner und der Fotosatz.

Fotografie

Die Geschichte der Fotografie beginnt mit der Entdeckung des Prinzips der Lochkamera oder Camera obscura (lat. *camera*, »Kammer«, und *obscura*, »dunkel«), das schon in der Antike bekannt war. Bis heute bilden Konstruktionsweise und Funktion der Lochkamera, wie sie im Mittelalter und in der Neuzeit erforscht und beschrieben wurden, die Basis für die Entwicklung aller Bildaufnahmemedien.

Bei der Camera obscura, dem ersten bekannten Bildaufnahmemedium, handelte es sich ursprünglich um eine lichtdichte begehbare Kammer, mit einer kleinen Öffnung in einer der Wände, etwa in Augenhöhe, durch die ein angestrahlter Bildgegenstand fokussiert werden konnte. Mittels der ausgesendeten Lichtstrahlen, die in das Loch einfielen, entstand im Inneren der Kammer auf der dem Loch gegenüber liegenden Seite ein vergrößertes, seitenverkehrtes und auf dem Kopf stehendes Abbild des Objektes.

Nachdem es gelungen war, optische Linsen herzustellen, wurde die Camera obscura im Mittelalter von Astronomen zur Himmelsbeobachtung eingesetzt. Seit der Renaissance bis ins 19. Jahrhundert hinein diente sie den Künstlern als Zeichenhilfe. Erst im 17. Jahrhundert wurden transportable Lochkameras konstruiert. Sie waren mit einem Spiegel im Winkel von 45

Camera obscura
Zeichnung von
A. Kircher, 1646

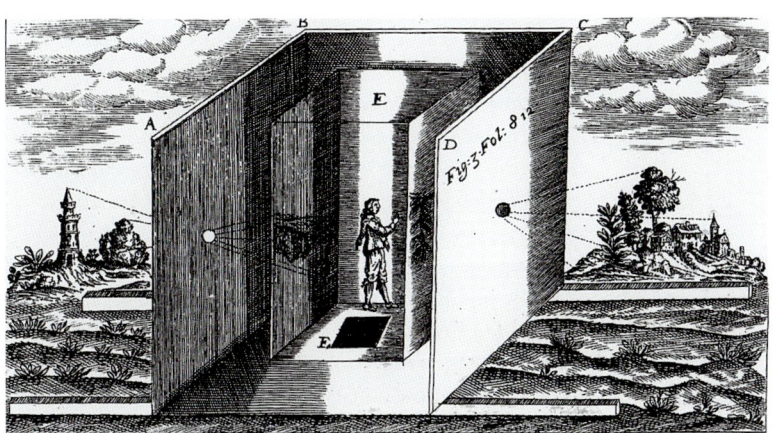

Grad ausgestattet, der das Abbild auf eine Glasplatte transferierte, die oben an der Apparatur angebracht war. Von dort konnte es dann als Skizze abgenommen werden.

Zu Beginn des 19. Jahrhunderts wurde die Camera obscura im Bereich der Künste durch die Camera lucida, eine Zeichenkamera, abgelöst. Nun konnte das Abbild des fokussierten Gegenstandes mittels eines Prismas, das sich in der Kamera befand, direkt und ohne Zwischenschritte auf den Bildträger, vorzugsweise Papier, übertragen werden.

Parallel zu den transportablen Lochkameras entwickelte man im 17. Jahrhundert eine Reihe anderer optischer Geräte, darunter eine Projektionsapparatur, die Laterna magica. Diese so genannte Zauberlaterne fand bis ins 20. Jahrhundert Verwendung. In ihrer Funktionsweise basierte die Laterna magica auf dem umgekehrten optischen Prinzip der Camera obscura: In einen Kasten, der an der Vorderseite eine Öffnung mit einem vorangestellten Linsensystem hatte, wurde eine Lichtquelle, beispielsweise eine Kerze oder Lampe, gestellt. Die Laternenbilder, auf transparente Bildträger aus Glas aufgebracht, wurden zwischen Öffnung und Linsensystem eingeschoben und mittels der ausfallenden gebündelten Lichtstrahlen von hinten durchleuchtet. Projiziert wurden die Laternenbilder auf eine Fläche oder, um eine dreidimensionale Wirkung zu erzielen, in einen mit Rauch gefüllten Raum. Mit Hilfe so genannter Nebelbildapparate, die aus mehreren Projektionseinheiten bestanden, war es zudem möglich, Bewegungsabläufe zu simulieren. Dazu wurden mehrere Bilder ein- und aus- beziehungsweise überblendet. Auf der Konstruktions- und Funktionsweise der Laterna magica basierte später die Entwicklung der fotografischen Bildwiedergabemedien wie Dia- und Filmprojektoren.

Die Laterna magica diente vorwiegend der Unterhaltung. Angefertigt wurden die Laternenbilder zumeist von Projektionskünstlern. Beliebte Darstellungen waren im 18. und zu Beginn des 19. Jahrhunderts die so genannten Phantasmagorien, Traum- oder Trugbilder, die später durch narrative Bildfolgen zu Märchen und Erzählungen abgelöst wurden. Aber auch wissenschaftliche Vorträge begleitete man mit Laternenbildern. Die Vorführungen erfolgten zumeist öffentlich. Erst im Kontext der industriellen Revolution wurden Laternen und Bildserien zu preiswerten Massenprodukten und etablierten sich im Verlauf des 19. Jahrhunderts auch in den privaten Haushalten.

Unter technischen Aspekten trugen die Neuerungen in der Porträtdarstellung sowie Dioramen und Panoramen ebenfalls zur Entwicklung der Fotografie bei. Ende des 18. Jahrhunderts wurde es möglich, mit Hilfe einer Physiotrace genannten Apparatur ein Porträt als Schattenbild auf eine Fläche zu projizieren und beliebig zu verkleinern, zu »zoomen«. Die Umrisse des Porträtierten konnten so naturgetreu wiedergegeben werden. Auf eine möglichst realistische Abbildung zielten auch die Panoramen ab, die sich im 19. Jahrhundert etablierten und der Information und Unterhaltung dienten. Die monumentalen, 360 Grad umfassenden Rundbilder zeigten vorzugsweise Stadtansichten, Landschaften oder historische Ereignisse und können als Vorläufer der Panorama-Fotos und der virtuellen Welten von heute betrachtet werden.

Der Statik des Panoramas fügte das Diorama, das zu Beginn des 19. Jahrhunderts von Louis Jacques Mandé Daguerre erfunden wurde, seine dreidimensionale Wirkung und den Aspekt der Bewegung hinzu. Möglich wurde dies mittels transparenter oder halbtransparenter Bühnenprospekte mit aufwändiger Bemalung, durch wechselnde Beleuchtung und technische Effekte sowie eine begleitende Geräuschkulisse.

Panorama
Salzburger Panorama von Johann Michael Sattler, 1829

Louis Jaques Mandé Daguerre (um 1788–1851)
Selbstbildnis, Daguerreotypie, 1842/43 Ebenso wie Joseph Nicéphore Niepce beschäftigte sich Daguerre mit der Fixierung der Bilder der Camera obscura und optimierte nach Niepces Tod dessen Verfahren.

Am Anfang der Moderne, an der Wende vom 18. zum 19. Jahrhundert, setzte auf der Basis technischer Erfindungen, wissenschaftlicher Entdeckungen und der bekannten Verfahren zur Bildreproduktion eine Entwicklung ein, in deren Fokus die dauerhafte Fixierung der gewonnenen Bildinformationen stand. Bereits kurz vor der Jahrhundertwende führten die Brüder Claude und Joseph Nicéphore Niepce erste Versuche durch, um die mit der Camera obscura erzeugten Bilder dauerhaft zu konservieren. Dies gelang ihnen erstmals in den 20er Jahren des 19. Jahrhunderts mit der Heliografie, einem fotografischen Positiv-Verfahren. Aufbauend auf den Forschungsergebnissen der Brüder Niepce entwickelte Daguerre ein fotografisches Positiv-Negativ-Verfahren das er 1839 der Öffentlichkeit als Daguerreotypie präsentierte. Zeitgleich arbeitete William Henry Fox Talbot am ersten Negativ-Verfahren, das er 1840 unter der Bezeichnung Kalotypie oder Talbotypie vorstellte.

In den 40er Jahren des 19. Jahrhunderts konnte sich die Daguerreotypie am europäischen und amerikanischen Markt durchsetzten. Für die Herstellung wurden Silberplatten oder versilberte Kupferplatten verwendet, die man mittels Jod- oder Bromdämpfen lichtempfindlich machte, in einer Kamera belichtete und anschließend unter Einwirkung von Quecksilberdämpfen entwickelte. Danach wurde das fotografische Bild in einer heißen Kochsalzlösung oder bei Raumtemperatur in einer Natriumthiosulfatlösung fixiert. Das Ergebnis war ein nicht wischfestes Unikat auf einem metallischen Bildträger.

In den 50er Jahren wurde die Daguerreotypie durch die Kalotypie verdrängt, die eine

William Henry Fox Talbot (1800–1877)
Der Pionier der Fotografie und Erfinder der Talbotypie stellte bereits 1834 erste Fotogramme her.

Kalotypie
William Henry Fox Talbot, The Woodcutters, 1842/43

beliebige Anzahl von Positiv-Abzügen auf Papierbasis von einem Negativ ermöglichte. Zur Aufnahme verwendete man Jodsilberpapier. Dazu wurden Silbernitrat und Kaliumiodid auf ein dünnes Papier aufgetragen, wo sie sich zu Silberiodid verbanden. Das Papier wurde anschließend in eine Kamera eingelegt und belichtet. Das unsichtbare Negativ konnte dann mittels einer Entwicklerlösung aus Gallussäure und Silbernitrat sichtbar gemacht und mit Kaliumbromid oder Natriumthiosulfat fixiert werden. Um von dem Negativ einen Positiv-Abzug zu erhalten, wurde das Papier in heißem Wachs getränkt und erschien so transparent. Über Kontaktabzüge auf Kalotypie-Bildträgern war es nun möglich, weitere Positive herzustellen.

Die früheste erhaltene Fotografie
Die erste erhaltene Fotografie der Welt wurde von Joseph Nicéphore Niepce (1765–1833) um 1826 aufgenommen. Sie zeigt einen Blick aus dem Fenster des Arbeitszimmers in seinem Landhaus in Chalon-sur-Saône in Frankreich.

Die frühesten erhaltenen fotografischen Aufnahmen von Niepce, Daguerre und Talbot zeigen Szenen aus dem Alltag, Landschaften und Stillleben. Trotz der langen Belichtungszeiten wurden in den 40er Jahren des 19. Jahrhunderts auch Porträtaufnahmen stark nachgefragt und zahlreiche Porträtstudios eröffnet. Hinzu kam etwa zeitgleich die

Eadweard Muybridge (1830–1904)
(eigentlich Edward James Muggeridge) Einer der bedeutendsten frühen Vertreter der Chronofotografie. Zur Präsentation seiner Reihenaufnahmen entwickelte Muybridge ein Projektiongerät, das Zoopraxiskop.

Aktfotografie, in den 50er Jahren die Reisefotografie. In den 80er Jahren etablierten sich Bildberichterstattung und Pressefotografie, in den 90er Jahren folgte die Dokumentarfotografie.

Ein weiterer Anwendungsbereich für das neue Medium war die Chronofotografie, Reihenaufnahmen und Bildfolgen beweglicher Motive, die mit mehreren Kameras nacheinander angefertigt wurden. Als einer der bedeutendsten frühen Vertreter von Serienaufnahmen, die Bewegungsabläufe lebender Objekte zeigen, arbeitete Eadweard Muybridge in den 70er Jahren des 19. Jahrhunderts mit bis zu 30 synchronisierten Fotoapparaten. 1883 konstruierte Étienne-Jules Marey das so genannte fotografische Gewehr, mit dem es gelang, eine ganze Serie von Bildern auf einer Platte festzuhalten. Der Kameraverschluss, ein rotierender Schlitzverschluss, ermöglichte ihm die Aufnahme von bis zu einhundert Bildern pro Sekunde.

Befördert wurde die Entwicklung der Fotografie nicht zuletzt durch die ständige Verbesserung der fotografischen Verfahren, an denen seit den 40er Jahren des 19. Jahrhunderts gearbeitet wurde. Beispielsweise setzte man Wachspapier und Kollodium-Nassplatten ein, was zu einer deutlichen Verkürzung der Belichtungszeit führte. In der zweiten Hälfte des 19. Jahrhunderts arbeitete man mit Trockenplatten, der Gummi- und der Pigmentdruck wurden erfunden. Bereits 1861 fertigte James Clerk Maxwell die erste Farbfotografie aus drei Teilfarbauszügen an. Um die Wende vom 19. zum 20. Jahrhundert waren die Voraussetzungen für die panchromatische Tonwertwiedergabe, also die Wiedergabe der tonwertrichtigen Farben und damit auch der Farbfotografie, geschaffen, die unter anderem auf den Forschungsergebnissen und Experimenten von Raphael Eduard Liesegang und Rudolf Fischer beruhten.

Die Amateurfotografie, die sich in den 80er Jahren des 19. Jahrhunderts etablierte, basierte auf der Vereinfachung der fotografischen Verfahren, der Entwicklung von kleinen handlichen und kostengünstigen Box-Kameras sowie der Einrichtung von Filmentwicklungsdiensten. 1888 gelang dem US-amerikanischen Unternehmer George Eastman ein bedeutender Schritt, als er die legendäre Kodak Nr. 1 auf den Markt brachte, welche die Klapp-, Falt- und Balgenkameras verdrängte. Gleichzeitig erwarb Eastman das Patent für die Rollfilm-Kamera und richtete einen Filmentwicklungsdienst ein. War der Film belichtet, konnte die Kamera eingeschickt werden, die Bilder wurden im Größenverhältnis 1 : 1 entwickelt, ein neuer Film eingelegt und die Kamera gemeinsam mit den Abzügen an den Absender zurück geschickt. Die ersten Rollfilme, Mitte der 80er Jahre noch auf Papierbasis gefertigt, wurden durch Zelluloidfilme abgelöst, wie sie Hannibal Goodwin 1887 für Edison und Henry Reichenbach 1889 für die Eastman Company entwickelten. Wenig später stellte Thomas Alva Edison den perforierten 35-mm-Film vor, der ursprünglich für den Kinematografen konzipiert worden war und sich in der Fotografie rasch durchsetzte.

Zu Beginn des 20. Jahrhunderts, im Kontext der verbesserten Lichtempfindlichkeit der Filme, stand die Entwicklung von Klein- und Kleinstbildkameras im Vordergrund. Oskar Barnack, der sich bereits 1905 mit den Möglichkeiten zur Verkleinerung der Negative und der Vergrößerung der Abzüge beschäftigte, entwickelte für Leica eine Kleinbild-Kamera, die 1925 vorgestellt wurde. Diese Sucherkamera verfügte über ein Objektiv von 50 Millimetern Brennweite und arbeitete mit 35-mm-Filmen. Obgleich, bedingt durch das kleine Format, zusätzliche Apparaturen zur Vergrößerung der

George Eastman (1854–1932)
Eastman arbeitete an der Entwicklung neuer Speichermedien in der Fotografie und war Mitbegründer der Firma Kodak.

Thomas Alva Edison (1847–1931)
Der amerikanische Elektrotechniker machte zahlreiche wegweisende Erfindungen, darunter der Phonograph und der Kinematograf, ein Gerät zur Aufzeichnung von Filmen.

Leica
Oskar Barnack (1879–1936) konstruierte diese »Ur-Leica« 1914. 1923 wurden die ersten 25 Prototypen, die so genannte Null-Serie, zu Testzwecken hergestellt. Auf der Leipziger Frühjahrsmesse 1925 wurde die Leica 1 schließlich der Öffentlichkeit präsentiert.

Aufnahmen nötig wurden und die Bildqualität anfangs noch mangelhaft war, setzte sich die Kleinbild-Kamera am Markt durch.

Zu dieser Zeit waren Fotoaufnahmen in der Amateurfotografie nur in schwarz-weiß möglich, erst ab Mitte der 30er Jahre verstärkten die Unternehmen Kodak und Agfa ihre Bestrebungen, die Farbfotografie auch in diesem Anwendungsbereich zu etablieren. In der ersten Entwicklungsstufe wurden ab 1936 Diafilme mit drei Emulsionsschichten angeboten, die für jedes Bild nur noch einmal belichtet werden mussten. Dem Kodachrome-Dreischichtenfilm folgte 1940 mit dem Kodacolor-Film der erste farbige Negativ-Positiv-Film.

Nur wenige Jahre später kam der US-Amerikaner Edwin Herbert Land auf den Gedanken, dass man Fotos auch direkt entwickeln könne. Nach zahlreichen Versuchen brachte er 1948 den Polaroid-Film auf den Markt, der das Negativmaterial, eine Polarisationsfolie, das Positivpapier und den Entwickler in sich vereinte. Zog man das belichtete Bild aus der für den Einsatz von Polaroid-Film konstruierten Polaroid-Kamera, wurde der Entwickler frei gesetzt, zwischen der Polarisationsfolie und dem Positivpapier verteilt und das Negativ im Größenverhältnis 1:1 entwickelt.

Polaroid-Kamera, Modell 95
Edwin Herbert Land (1909–1991) entwickelte 1948 die erste Sofortbildkamera, die wenige Minuten nach der Aufnahme ein fertiges Foto lieferte.

Parallel zur Polaroid-Kamera etablierte sich in den 50er Jahren auch die Spiegelreflexkamera am Markt, bei der das einfallende Licht in den Sucher gespiegelt wird, so dass der Fotograf den Bildausschnitt besser kontrollieren kann. Bei Betätigung des Auslösers klappt der Umlenkspiegel zur Seite und der Film wird belichtet. Der zunehmende Einsatz von elektronischen Bauteilen optimierte die Kleinbild-Kameras und vereinfachte ihre Handhabung. 1963 stellte die Firma Canon das erste Modell mit automatischer Schärferegulierung vor. Es folgten vollelektronische Kameras verschiedener Hersteller, die Blende, Verschlusszeit und Schärfeneinstellung selbsttätig regelten.

Hasselblad 1600F
Victor Hasselblad entwickelte 1948 die erste einäugige Spiegelreflexkamera für das Format 6 x 6 cm.

Mit der Digitalisierung der Fotografie vollzog sich in den 70er Jahren ein weiterer bedeutender Schritt in der Geschichte des Mediums. Nachdem der erste CCD (Charge-coupled Device) 1970 in der Entwicklungsabteilung des Bell-Konzerns hergestellt worden war, meldete Texas Instruments 1972 ein Patent für eine filmlose Kamera an. Mitte der 70er Jahre kamen die ersten Digitalkameras auf den Markt, bei denen das Aufnahmemedium Film durch einen elektronischen Bildsensor und ein digitales Speichermedium ersetzt wurde. Das erste Modell war die »Still Video Camera«, die Steve Sasson 1975 für Kodak entwickelte. Die erste kommerzielle Still Video Camera wurde 1976 vorgestellt, die Fairchild MV-101. Zehn Jahre später präsentierte Canon mit der RC-701 das erste kommerzielle Modell mit magnetischer Aufzeichnung der Bilddaten.

Canon RC-701
Die Canon RC-701 aus dem Jahr 1986 verfügte über eine Diskette, die 50 Bilder aufzeichnen konnte.

Auch an der Modifikation der im Handel befindlichen Kleinbild-Kameras wurde gearbeitet, beispielsweise bot Minolta für seine Kleinbild-Spiegelreflexkamera ein Austauschmodul an, mit dem die Minolta 9000 in eine digitale Spiegelreflexkamera umgewandelt werden konnte. Weitere Modelle von Minolta, Kodak, Nikon, Sony, Chinon und anderen Anbietern folgten. Als Speichermedium für die Bildinformationen dienten anfänglich noch Disketten. 1992 führte Kodak mit der Kodak Photo CD ein Hybridsystem

ein. Die mit konventionellen Kleinbild-Kameras erzeugten Aufnahmen konnten nun digitalisiert und auf CD-R (Compact Disc-Recordable) gespeichert werden.

Seit dem Ende des 20. Jahrhunderts wurde die Bildauflösung der Digitalkameras kontinuierlich verbessert. Karten und Sticks mit stetig wachsender Speicherkapazität kamen auf den Markt. Im Kontext der digitalen Aufnahme- und Bearbeitungstechniken wurden in den 80er und 90er Jahren verschiedene Dateiformate wie JPEG (Joint Photographic Expert Group), TIFF (Tagged Image File Format) und GIF (Graphics Interchange Format) entwickelt. Die digitale Bildspeicherung ermöglichte darüber hinaus das Festhalten umfangreicher Meta-Informationen. Parallel dazu wurde die benötigte Hardware und Software für den Heimanwenderbereich zunehmend kostengünstiger und bedienungsfreundlicher.

Anfang des 21. Jahrhunderts hat sich die Digitalkamera in der Amateurfotografie durchgesetzt. Ihre Vorteile liegen unter anderem in der Wiederverwendbarkeit der Speichermedien und deren hoher Kapazität, in der Möglichkeit, Bildaufnahmen direkt auszuwählen oder am Computer nachzubearbeiten, in den vielfältigen Ausgabemöglichkeiten und in der einfachen, kostengünstigen und platzsparenden Archivierung.

Die Konvergenz von Digitalfotografie, Computer- und Videotechnik sowie die Entwicklung von Multifunktionsgeräten wie Mobiltelefon oder Personal Digital Assistant mit integrierten Digitalkameras tragen außerdem dazu bei, dass die analoge durch die digitale Fotografie zunehmend vom Markt verdrängt wird.

Chancen und Risiken
Die Technik der digitalen Fotografie eröffnet vielfältige Möglichkeiten zur Bildbearbeitung, die von der Bildoptimierung bis hin zur Fotomontage reichen. Um deren Missbrauch im journalistischen Bereich zu verhindern, besteht Kennzeichnungspflicht für Bildmanipulationen.

Film

Ebenso wie der Anfang der Fotografiegeschichte datiert auch der Beginn des Mediums Film in das 17. Jahrhundert, als es mit Hilfe der Laterna magica erstmalig gelang, Bilder zu projizieren und Bewegungsabläufe zu simulieren. Der Begriff Film bezeichnete ursprünglich eine dünne Schicht oder Folie. Er etablierte sich in der Fotografie im 19. Jahrhundert als Bezeichnung für das Fotomaterial und wurde, mit der Verwendung dieses Materials für die Aufzeichnung bewegter Bilder, auf das neue Medium übertragen.

Die Entwicklung des Films basiert im Wesentlichen auf zwei Wahrnehmungsphänomenen: der Nachbildwirkung und dem stroboskopischen Effekt. Die Nachbildwirkung beruht auf einer Fehlleistung des menschlichen Auges, das Lichtreize länger wahrnimmt, als diese ausgesendet werden. Den stroboskopischen Effekt beschrieb erstmals der englische Forscher Michael Faraday. Er fand heraus, dass schnell aufeinander folgende Einzelbilder, die durch kurze Dunkelphasen unterbrochen werden, beim Betrachter die Illusion von Bewegung hervorrufen.

Einen der ersten wichtigen Entwicklungsschritte in der Geschichte des Mediums vollzog der Engländer John Ayrton Paris, als er 1825 das Thaumatrop erfand, eine Apparatur, die auch Wunderscheibe genannt wurde und der das Prinzip der Nachbildwirkung zu Grunde lag. Es handelte sich hierbei um einen Bildträger, vorzugsweise eine runde Pappscheibe, die auf Vorder- und Rückseite zwei einander ergänzende Bilder zeigte. Mittels zweier Bänder, die seitlich an der Scheibe befestigt waren, versetzte man den Bildträger in eine waagerechte Rotationsbewegung. Dabei wurden die Darstellungen auf beiden Seiten des Bildträgers abwechselnd sichtbar und überlagerten einander in der Wahrnehmung durch den Betrachter. Häufig verwendete Motive waren Vogel und Käfig, die zu einem Bild verschmolzen, das den Vogel im Käfig zeigte.

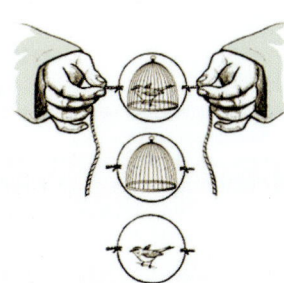

Thaumatrop
Zeichnung, nach 1825

Wenige Jahre später, 1832, entwickelten der Wiener Simon Stampfer und der Belgier Joseph Plateau unabhängig von einander das Zoetrop beziehungsweise das Phenakistiskop, auch Lebensrad genannt. Es bestand aus einer rotierenden Scheibe, auf der mehrere Bilder angebracht waren, die in einzelnen Sequenzen einen Bewegungsablauf wiedergaben. Zwischen den Bildern befand sich jeweils ein Sehschlitz. Die Scheibe wurde ursprünglich vor einem Spiegel positioniert und mittels einer Kurbel in eine schnelle Drehbewegung versetzt. Betrachtete man nun die Bildfolge durch die Sehschlitze im Spiegel, entstand die Illusion eines Bewegungsablaufes. Später wurden Sehschlitze und Scheibe getrennt, so dass man auf den Spiegel verzichten konnte und durch einen Sehschlitz direkt auf die sich drehende Scheibe blickte.

Seine Weiterentwicklung erfuhr das Lebensrad 1833 in der Wundertrommel des Engländers William George Horner. Sie basierte in ihrer Funktionsweise, ebenso wie das Phenakistiskop, auf dem stroboskopischen Effekt. Horners trommelförmige Apparatur war nach oben hin offen und seitlich mit senkrechten Sehschlitzen versehen. In das Innere wurde ein Papierstreifen eingelegt, der eine Abfolge von Bildern zeigte, die einzelnen Sequenzen eines Bewegungsablaufes entsprachen.

Wundertrommel
nach 1833

Versetzte man die Trommel in eine Drehbewegung, sah man durch die Sehschlitze die in rascher Abfolge vorüber ziehenden Bilder auf der gegenüberliegenden Seite im Inneren der Apparatur. Anders als beim Lebensrad konnte bei der Wundertrommel das Phänomen der »bewegten Bilder« gleichzeitig von mehreren Personen beobachtet werden.

Die Konstruktion eines Projektors zur Darstellung bewegter Bilder gelang 1846 dem Österreicher Franz von Uchatius. Nachdem er das Gerät, mit dem erstmals Vorführungen vor einem größeren Publikum möglich waren, optimiert hatte, präsentierte er es 1853 der Öffentlichkeit. Als Bildträger dienten transparente

Die Wirklichkeit in bewegten Bildern
1849 schlug Joseph Plateau den Gebrauch von Daguerreotypien für die Vorführungen an seinem Phenakistiskop vor. Die Idee, mittels der Fotografie bewegte Bilder aus der Realität zu gewinnen und einem Publikum zu zeigen, kann als Annäherung an den Grundgedanken des Spiel- beziehungsweise des Dokumentarfilms gewertet werden. Bis dahin waren ausschließlich gezeichnete Bildvorlagen verwendet worden – Vorläufer der Trickfilme.

Scheiben, auf die die Bildfolgen aufgebracht wurden. Vor jedem der jeweils zwölf Einzelbilder befand sich eine Linse. Mittels einer Lichtquelle, die hinter der Scheibe montiert und in rotierende Bewegung versetzt wurde, konnten diese auf eine Leinwand projiziert werden.

In den 70er Jahren des 19. Jahrhunderts entwickelte auch der Engländer Eadweard Muybridge ein Projektionsgerät, das er Zoopraxiskop nannte. Dieses scheibenförmige Stroboskop basierte auf der Laterna magica und dem Lebensrad. Wie Uchatius verwendete auch Muybridge transparente Bildscheiben, die zwölf Phasen eines Bewegungsablaufes zeigten. Diese kombinierte er mit einer Schlitzscheibe.

Dem Franzosen Louis Aimé Augustin Le Prince gelang im nordenglischen Leeds ein weiterer wesentlicher Schritt in der Entwicklung des Mediums Film: die Konstruktion einer Kamera mit nur einer Linse, für die er 1888 das Patent erhielt. Im gleichen Jahr drehte er die ersten kurzen Filmstreifen. Als Träger- und Speichermedium für seine Aufnahmen verwendete er die von der Eastman Company vermarkteten Rollfilme auf Papierbasis. Die ersten Filme aus dem Jahr 1888 zeigen unter anderem eine Gartenszene und eine Straßenszene unter dem Titel »Roundhay Garden Scene« beziehungsweise »Traffic Crossing Leeds Bridge«.

Parallel zu Le Prince entwickelte der schottische In-

Chronofotografie
Eadweard Muybridge, The Horse in Motion, 1878

Mit Hilfe des Zoopraxiskops, das der Vorführung seiner chronofotografisch erzeugten Bilder diente, führte Muybridge 1878 unter anderem seine berühmten Reihenaufnahmen eines galoppierenden Pferdes vor. Produziert hatte er »The Horse in Motion« mit zwölf nacheinander angeordneten Kameras. Für die zweite Fassung, die ein Jahr später entstand, verwendete er die doppelte Anzahl an Aufnahmegeräten. Die Ergebnisse seiner Arbeit veröffentlichte er 1887 in Form von 781 Lichtdrucken unter dem Titel »Animal Locomotion« und »The Human Figure in Motion«.

Kinetoskop
nach 1890

genieur William Kennedy Laurie Dickson eine Filmkamera, den Kinematografen, an dem er ab 1888 in den Laboratorien von Thomas Alva Edison arbeitete. Die von ihm verwendeten 35-mm-Zelluloidfilme wurden in Einzelbildern am Objektiv vorbei transportiert, dabei belichtet und anschließend fotomechanisch entwickelt. Der früheste nachgewiesene Film, den man mit einem Kinematografen aufzeichnete, stammt aus dem Jahr 1890 und trägt den Titel »Monkeyshines«. Etwa zeitgleich konstruierte Dickson ein Wiedergabegerät für die mit dem Kinematografen produzierten Filme, das Kinetoskop. Bei diesem Projektionsgerät handelte es sich um einen Guckkasten, in dem sich die Zelluloidstreifen mittels eines Elektromotors in zirka zehn Meter langen Endlosschleifen bewegten. Durch ein Okular, dem ein Trichter vorangestellt war, konnten die Filme von jeweils einer Person verfolgt werden. 1891 erhielt Edison das Patent für die Kamera, den Kinematografen, und für den Projektor, das Kinetoskop. Das Projektionsgerät kam ab 1894 in Amerika und ab 1895 in Europa zum Einsatz. Die Filmvorführungen wurden, mittels des »Edison Parlor Speaking Phonograph« (siehe Seite 161 f.), mit Musik und Geräuschen unterlegt oder von einem Pianisten auf dem Klavier begleitet.

Die erste öffentliche Filmvorführung, die vor einem größeren Publikum stattfand, wurde am 1. November 1895 von den Brüdern Max und Emil Skladanowsky im Varieté Wintergarten des Berliner Central-Hotels veranstaltet.

Der verwendete Projektor, das Bioskop, war mit zwei Objektiven ausgestattet und von Max Skladanowsky entwickelt worden, um die von den Brüdern in einem aufwändigen Verfahren produzierten 50-mm-Zelluloidfilme zu präsentieren. Diese wurden paarweise gezeigt, wobei über ein Schrittschaltwerk abwechselnd je ein Bild von einem der Filmstreifen auf die Leinwand projiziert wurde. Durch den stroboskopischen Effekt konnten die Einzelbildfolgen vom Betrachter als Bewegungsablauf wahrgenommen werden. Das Filmgeschehen wurde musikalisch unterlegt und die Zwischentitel über eine Laterna magica eingeblendet.

Technisch war Skladanowskys Bioskop dem zeitgleich entwickelten Cinématographen der Brüder Auguste Marie Louis Nicolas und Louis Jean Lumière unterlegen. Am 28. Dezember 1895 präsentierten sie den Cinématographe Lumière in Paris. Das Gerät, eine Weiterentwicklung des Kinetoskops, vereinte Aufnahme-, Kopier- und Abspielfunktion und arbeitete mit perforierten 35-mm-Zelluloidfilmen. Mittels einer gezahnten Transportvorrichtung, Vorläufer des von Oskar Messter 1896 entwickelten Malteserkreuzes, wurden die Filmstreifen ruckartig vor dem Objektiv vorbei geführt und kurzzeitig angehalten. So war es erstmals möglich, eine gleichbleibende Anzahl von sechzehn Bildern pro Sekunde zu belichten beziehungsweise zu projizieren. Bis 1897 verpachteten die Brüder Lumière den Cinématographen an ausgewählte Lizenznehmer. Als die Nachfrage ihre Produktionskapazitäten überstieg, verkauften sie das Patent zur Geräteherstellung an Charles Pathé, der gemeinsam mit seinem Bruder Émile zunächst die Geräte produzieren ließ und ein Jahr später, 1898, eine Filmproduktionsfirma gründete.

Ende des 19. Jahrhunderts waren die Grundlagen für die Einrichtung von lokalen Filmtheatern geschaffen und damit eine wesentliche Voraussetzung für die Entwicklung des Films zum Massenmedium erfüllt. Produziert wurden vorwiegend Stummfilme der Genres Dokumentar- und Spielfilm. Durchschnittlich hatten sie eine Länge von zehn bis elf Minuten, was der Speicherkapazität einer Filmrolle entsprach. Erst mit der Einführung der Montage- beziehungsweise der Schnitttechnik

Cinématographe Lumière nach 1895, Innenansicht

konnten auch längere Filme produziert und gezeigt werden.

Die ersten Tonbilder, bei denen man Sprache und Musik auf Walze, Platte oder Lochstreifen aufzeichnete, entstanden zu Beginn des 20. Jahrhunderts und wurden mit speziellen Film-Musikprojektoren abgespielt. Bild und Ton zu synchronisieren gelang jedoch erst mit der Einführung des Lichttons in den 20er Jahren. Bei diesem Verfahren konvertierte man die Schallinformationen in Lichtschwankungen und zeichnete sie gemeinsam mit den Bildinformationen auf einen Film auf. Infolge der Einführung des Tonfilms etablierte sich in den 30er Jahren ein neues Genre, der Musikfilm.

Die Entwicklung des Farbfilms begann im ersten Jahrzehnt des 20. Jahrhunderts mit von Hand colorierten Aufnahmen. Die am häufigsten verwendeten Techniken waren Tonung und Virage, die bis in die 20er Jahre hinein Anwendung fanden. Bei der Virage wurde der Filmstreifen mittels eines Pinsels eingefärbt, während bei der Tonung der Film in ein Farbbad getaucht oder mit Hilfe chemischer Substanzen farblich verändert wurde.

1906 entwickelte der britische Fotograf George Albert Smith das Kinemacolor-Verfahren, beruhend auf der additiven Farbmischung aus Rot und Grün. Dabei wurden die Einzelbilder abwechselnd durch einen roten und einen grünen Farbfilter vor dem Objektiv aufgenommen und projiziert. Später belichtete man zwei Filme in je einer der beiden Farben. Übereinander gelegt ergänzten sie sich zu einem farbigen Film, den man dann kopierte. Im nächsten Schritt wurden Vorder- und Rückseite der Filmstreifen rot beziehungsweise grün beschichtet, wodurch auf die Verwendung von Farbfiltern verzichtet werden konnte. Mit dem Bicolorsystem war jedoch noch keine realistische Reproduktion von Farben möglich.

Durch die Weiterentwicklung des Zweifarb-Additivverfahrens, 1917 durch den Amerikaner Herbert Thomas Kalmus als Technicolor-System eingeführt, gelang

George Albert Smith (1864–1959)
Fotograf und Erfinder

ab 1922 eine zunehmend realistischere Farbwieder-
gabe. Das verbesserte System arbeitete mit subtrakti-
ven Farbprozessen und wurde ständig weiter optimiert.
Die wesentliche Neuerung bestand darin, dass während der Aufnahmen das Licht durch Prismen in die
Grundfarben zerlegt, auf separate Filmstreifen gespeichert und diese anschließend übereinander kopiert
wurden.

Mitte der 30er Jahre waren es Agfa und Kodak, die
den nächsten wichtigen Entwicklungsschritt vollzogen.
Mit der Einführung der Dreischichtemulsion mit ein-
gelagerten Farbkupplern beim Kodachrome-Umkehr-
film von 1935 und beim Agfacolor-Neu-Film von 1936
gelang es erstmalig, alle Farbinformationen auf einem
Negativ zu speichern. Als in den 40er Jahren die Filmproduktion der Universum Film AG (Ufa) zunehmend
auf Farbe umgestellt wurde, konnte sich der Agfacolor-
Kinefilm am deutschen Markt durchsetzten. 1941 wurde in den Filmtheatern der erste deutsche Spielfilm in
Farbe gezeigt, »Frauen sind doch bessere Diplomaten«
(Regie: Georg Jacoby), zugleich der erste nach dem
Agfacolor-Negativ-Positiv-Verfahren produzierte Film.

Da der Film seit den 40er Jahren in Amerika und
ab den 50er Jahren auch in Europa in direkter Konkurrenz zum Fernsehen stand, arbeitete man an neuen
innovativen Konzepten, die dem Kinopublikum exklusive Seh- und Hörerleb-
nisse bieten sollten. Im
Fokus standen dabei
das Bildformat und ste-
reoskopische Effekte.
So wurden bereits um
1950 die ersten 3-D-

**Plakat für den ersten
Farbfilm**
In Deutschland brachte die
UfA den ersten Spielfilm in
Farbe 1941 in die Kinos,
»Frauen sind doch bessere
Diplomaten«.

**Additive Farb-
mischung**
Additive Farbmi-
schungen basieren
auf den drei Primär-
farben Rot, Grün und
Blau. Das Additions-
verfahren ist ein
optisches Modell,
welches das Misch-
verhalten von Farben
beschreibt, die im
Gegensatz zur sub-
traktiven Farbmi-
schung durch das
Hinzufügen neuer
Spektralbereiche
entstehen. Die Sum-
me aller Grundfar-
ben ergibt im additi-
ven Verfahren Weiß.

**Subtraktive Farb-
mischung**
Subtraktive Farbmi-
schungen basieren
auf den drei Farben
Cyan, Magenta und
Gelb. Das Subtrak-
tionsverfahren ist
ein optisches Mo-
dell, welches das
Mischverhalten von
Farben beschreibt,
die im Gegensatz zur
additiven Farbmi-
schung durch das
Vermeiden bestimm-
ter Spektralbereiche
entstehen. Alle
Spektralbereiche
zusammen ergeben
Schwarz.

Filme produziert und zeitgleich an der Entwicklung von Breitwandsystemen gearbeitet. Das Cinemascope-Verfahren von 20th Century Fox ist eines der wichtigsten so genannten anamorphotischen Verfahren, bei denen die Aufzeichnung und die Projektion des Filmes mittels spezieller Linsen erfolgte, wodurch man eine Bildstreckung in der horizontalen Ebene erreichte.

In der zweiten Hälfte des 20. Jahrhunderts beeinflussten insbesondere die Video- und die Digitaltechnik die Entwicklung des Mediums Film. So wurden die technischen Möglichkeiten der elektronischen Bildverarbeitung weitestgehend für die Filmproduktion nutzbar gemacht. War die Gewinnung von elektronischen Bildern in hoher Auflösung sowie deren Übertragung auf das Filmmaterial in den 50er Jahren noch problematisch, produzierte man bereits in den 60er Jahren eine Vielzahl von Filmen unterschiedlicher Genres ausschließlich auf elektronischem Weg. Die elektronischen Verfahren zur Aufnahme, Übertragung, Bearbeitung und Wiedergabe von bewegten Bildern inklusive des begleitenden Tons beschleunigten in der zweiten Hälfte des 20. Jahrhunderts die Produktion, reduzierten die Kosten, optimierten die Abläufe und verbesserten die Aufnahmekontrolle.

Seit den 90er Jahren findet eine zunehmende Digitalisierung der Filmproduktion statt. So erfolgt die Aufzeichnung des Bildmaterials entweder direkt mit hoch auflösenden Digitalkameras oder die Bildinformationen werden auf Filmmaterial gespeichert und anschließend digitalisiert. Auch Schnitt und Postproduktion erfolgen digital, was die Integration manipulierter oder künstlich erzeugter Bilder ermöglicht. Von dieser Entwicklung profitiert insbesondere der Trickfilm, dessen Ursprung an den Beginn der Filmgeschichte datiert. Nach ersten erfolglosen Versuchen in den 80er Jahren, computeranimierte Trickfilme herzustellen, konnte 1995 der

Canon XL2
2006

Film »Toy Story« (Pixar und Disney) uraufgeführt werden, der erste Kinolangfilm, der ausschließlich am Computer produzierte wurde.

Darüber hinaus bieten sich im Rahmen der Digitalisierung der Filmproduktion neue Möglichkeiten der Vermarktung. So stellen vom Kinofilm abweichende Versionen, wie der Director's Cut, oder zusätzliches Bonusmaterial, das nur für den Verkauf im Handel produziert wird, einen zusätzlichen Anreiz zum Erwerb einer Digital Versatile Disc (DVD) beziehungsweise einer DVD-Video dar. Neue Datenkompressions-Verfahren und digitale Streaming-Technologien ermöglichen darüber hinaus das Herunterladen und damit auch den Verkauf von Filmen über das Internet.

Entgegen den Befürchtungen, die neuen Medien würden die Existenz der Filmtheater bedrohen, setzte nach einer zu Beginn der 90er Jahre rückläufigen Entwicklung Mitte der 90er Jahre eine Trendwende ein. Laut Statistischem Bundesamt erreichte die Anzahl der Kinos im Jahr 2005 wieder den Stand von 1989. Für die Vorführung in den Filmtheatern werden die digitalen Filme zu Beginn des 21. Jahrhunderts in der Regel noch auf klassisches Filmmaterial umkopiert. Aber auch rein optoelektronische Projektionsverfahren sind bereits im Einsatz. Da sich zum Beispiel durch DVD-Projektionen der Betrieb von Kopieranlagen erübrigt, werden diese von den Verleihfirmen favorisiert. Die Durchsetzung optoelektronischer Projektionsverfahren am Markt verzögert sich jedoch, da sie bei den Kinobetreibern eine neue Infrastruktur voraussetzen, die mit hohen Kosten, beispielsweise bei der Anschaffung von DVD-Projektionsgeräten, verbunden wäre.

Fernsehen und Video

Datieren die Anfänge des Mediums Fernsehen bereits in die 80er Jahre des 19. Jahrhunderts, so ist die Verwendung des Begriffs erst ab 1890 nachweisbar. Nach der Jahrhundertwende setzte sich in den USA und in Frankreich die Bezeichnung Television (TV) durch.

Zu Beginn der Entwicklung des Mediums erfolgt das

Fernsehen
Der Begriff Fernsehen (griech.-lat. Television, von griech. *tele*, »fern«, und lat. *videre*, »sehen«) steht für ein technisches Verfahren zur Aufnahme, Übertragung und Wiedergabe von Bildern mit begleitendem Ton von einem Sender zu mehreren Empfängern.

Fernsehen noch mechanisch, später elektronisch, in Schwarz-Weiß oder in Farbe. Seine Funktion besteht darin, Bilder an einem Ort mittels eines Aufnahmegerätes abzutasten und zu zerlegen, anschließend zu übertragen und an einem anderen Ort mit Hilfe von Empfangsgeräten wieder zusammenzusetzen und als Fernsehbilder auszugeben. Die Aufzeichnung des Begleittons erfolgt dabei in der Regel mit Hilfe von Mikrofonen, die Ausgabe zumeist über Lautsprecher, die in die Endgeräte integriert sein können.

Bediente man sich bei der Übermittlung der Daten zu Beginn noch der Telefonleitungen, sendet man heute über terrestrische Netze, Satelliten oder über Kabelverteilernetze. Die Übertragung erfolgt beim analogen Fernsehen unidirektional ohne Rückkanal und unterscheidet sich darin vom Digital-TV oder Digital Video Broadcasting (DVB) beziehungsweise Digital Multimedia Broadcasting (DMV). Als Endgeräte fungieren stationäre oder mobile TV-Geräte, aber auch Computer und Mobiltelefone.

Die Geschichte des Fernsehens begann um 1880, nachdem die fotoelektrischen Eigenschaften des Elements Selen, das 1817 entdeckt wurde, bekannt waren und Werner von Siemens 1875 die erste Selenzelle entwickelt hatte. Damit war es möglich geworden, verschiedene Helligkeitswerte in unterschiedliche Stromstärken umzuwandeln. Das technische Verfahren basierte auf der Bildtelegrafie, die in den 40er Jahren des 19. Jahrhunderts von Alexander Bain und Frederick Collier Bakewell vorgestellt wurde. Sie arbeiteten erstmals mit der Zerlegung der zu übertragenden Bilder in Zeilen und der Umwandlung der Helligkeitswerte von Bildpunkten in elektrische Werte.

Als Begründer des mechanischen Fernsehens gilt der deutsche Ingenieur Paul Nipkow. Während seiner Studienzeit konstruierte er 1883 ein elektrisches Teleskop (von griech. *tele*, »fern«, und *skop*, »sehen«), das 1884 patentiert wurde. Mit Hilfe dieses Teleskops wurden Bilder in Hell-Dunkel-Signale codiert beziehungsweise decodiert. Die Betrachtung der übertragenen

Bilder durch die Teleskop-Röhre war jedoch nur jeweils einer Person möglich. Wichtigster Bestandteil des elektrischen Teleskops war eine rotierende Scheibe, die am äußeren Rand spiralförmig perforiert war, die so genannte Nipkow-Scheibe.

Zur Aufnahme der Bilder wurde die Nipkow-Scheibe zwischen einer Lichtquelle und dem abzubildenden Objekt positioniert und in eine Drehbewegung versetzt. Die Helligkeitswerte der einzelnen Lichtpunkte wurden dann mittels Selenzellen in elektrische Spannungswerte umgewandelt. Auf der Wiedergabeseite erfolgte der Aufbau des Bildes nach einem Zeilenverfahren auf elektromechanischer Grundlage. Die Lichtstrahlen fielen durch die Löcher der Scheibe auf eine Fotozelle und wurden in elektrische Signale konvertiert. Diese Signale steuerten den Helligkeitswert der Lichtquelle des Empfangsgerätes. Deren Licht wiederum fiel durch eine weitere Scheibe auf einen Schirm, wo sich das Abbild des Objektes aus den Lichtsignalen zusammensetzte. Hierbei nutzt das Medium Fernsehen, wie bereits das Medium Film, das Phänomen der Nachbildwirkung, wonach dem Betrachter Echtzeitbilder suggeriert werden, wenn die Zerlegung und der Wiederaufbau des Bildes mindestens 16 Mal innerhalb einer Sekunde erfolgen.

Auf der Basis der Forschungen von Paul Nipkow wurden bis zur Jahrhundertwende weitere Meilensteine in der Geschichte des Mediums Fernsehen gesetzt und wegweisende Entwicklungsarbeiten geleistet. Beispielsweise konstruierte Lazare Weiller 1889 ein Spiegelrad beziehungsweise Spiegelprisma zur Zerlegung der Bilder. Das Spiegelrad bestand aus einem radförmigen Vielkantspiegel, der in Bewegung versetzt wurde, wobei aus jeder Umdrehung eine Zeile von Lichtpunkten resultierte. Bei der Konstruktion seines Fernsehgerätes experimentierte August Karolus in den

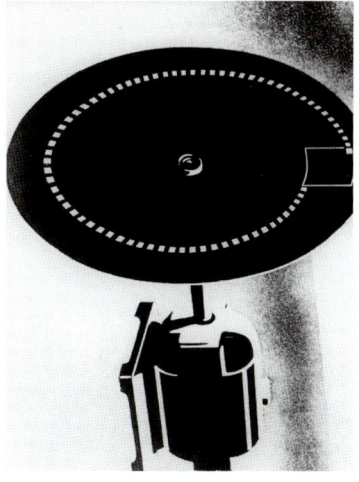

Nipkow-Scheibe
Die von Paul Julius Gottlieb Nipkow (1860–1940) erfundene Scheibe ermöglichte die zeilenweise Bildzerlegung und Übertragung, indem ein Lichtstrahl durch eine rotierenden Lochscheibe geschickt wird.

**Karl Ferdinand Braun
(1850–1918)**
Die nach ihm benannte
Röhre war das wichtigs-
te Bauteil für Fernseh-
empfänger: eine Katho-
denstrahlröhre, die
elektrische Schwingun-
gen sichtbar macht.

**Dénes von Mihály
(1894–1953)**
Physiker, Techniker und
Erfinder des Telehors.

20er Jahren des 20. Jahrhunderts sowohl mit der Nipkow-Scheibe als auch mit dem Spiegelrad.

Eine grundlegende Voraussetzung für die Entwicklung eines Fernsehapparates als Endgerät für den privaten Haushalt Mitte des 20. Jahrhunderts schuf der
deutsche Physiker Karl Ferdinand Braun. Er hatte
bereits 1897 die Kathodenstrahl-Oszillographenröhre,
auch Kathodenstrahlröhre oder Braunsche Röhre genannt, vorgestellt. Aufbauend auf der Entdeckung der
Fluoreszenz durch den britischen Physiker George
Gabriel Stokes, konstruierte Braun ein gasgefülltes, später evakuiertes Glasrohr, das sich nach vorn hin trich-
terförmig öffnete. Mittels eines Elektronenstrahls und
seiner Steuerung durch elektromagnetische Spulen
ließen sich in der Braunschen Röhre aufeinander folgende Bildpunkte auf eine mit fluoreszierenden Stoffen beschichtete Glasscheibe projizieren. Damit war
der Weg zur Entwicklung des elektronischen Fernsehens beschritten.

Die ersten Fernsehbild-Übertragungen in der Geschichte des Mediums führte Dénes von Mihály durch.
Der ungarische Physiker und Techniker konstruierte
um 1914 einen Apparat, den er Telehor nannte und
der mit der Nipkow-Scheibe arbeitete. Nach langer Entwicklungszeit gelangen ihm 1919 die ersten Übertragungen von statischen Bildern mittels eines Röhren-
verstärkers und eines oszillographischen Bildzerlegers
über eine Strecke von zirka fünf Kilometern.

In Deutschland war es der Flugfunk-Forscher Max
Dieckmann, der 1925 die ersten Fernsehbilder erfolgreich übertrug. Das von ihm konstruierte Fernsehgerät
war mit einer Braunschen Röhre ausgestattet. Dieckmann, der die fotoelektrische Abtastung und die erste
rein elektronische Aufnahmeröhre entwickelte, führte
auch die erste drahtlose Übertragung von Bildsignalen
und Synchronisierungsströmen durch. Noch im gleichen Jahr gelang auch dem Physiker August Karolus
die Übertragung eines Fernsehbildes. Sein Empfangsgerät war, wie der Telehor, mit einer Nipkow-Scheibe
ausgestattet. Karolus erwarb 1924 das Patent für die

Lichtsteuerung bei der Fernbildübertragung.

1926 stellte der Schotte John Logie Baird den Televisor vor, den ersten Fernsehempfänger, der in die Serienproduktion ging (ab 1930). Als Trägermedium für die Bild- und Toninformationen dienten Schellackplatten, die bis zu diesem Zeitpunkt ausschließlich als Tonträger fungierten (siehe S. 162). Die Aufzeichnung der Bildinformationen erfolgte über ein 1927 von Baird entwickeltes fotografisches Verfahren, das er Phonovision nannte. Baird war es auch, dem 1928 die erste transatlantische Fernsehübertragung von London nach New York gelang. Noch im gleichen Jahr fanden seine ersten Tests für Fernsehbild-Übertragungen in Farbe statt. Bairds Farbfernsehsystem, das auf den Gesetzen der additiven Farbmischung basierte, kombinierte die Nipkow-Scheibe mit drei rotierenden Farbfiltern. Im folgenden Jahr begann die British Broadcasting Corporation (BBC) in London mit den ersten regelmäßigen öffentlichen Versuchssendungen. Von hier wurde die erste Werbesendung in der Geschichte des Mediums übertragen.

In den USA fanden die ersten Fernsehbild-Übertragungen mit mechanischen Bildzerlegern schon 1925 statt. Herbert Eugene Ives konnte zu diesem Zeitpunkt bereits ein funktionstüchtiges Fernsehsystem vorstellen, der Physiker Charles Francis Jenkins unternahm erste Versuche zur Übermittlung von Fernsehbildern. Nach der von Ives 1927 durchgeführten öffentlichen Übertragung begann der Sender WGY der Firma General Electric Company in Schenectady, New York, im folgenden Jahr mit der Ausstrahlung von regelmäßigen Versuchssendungen. Dazu gehörten ab 1928 die ersten Nachrichtensendungen in der Geschichte des Fernsehens.

Zur gleichen Zeit, zwischen 1925 und 1928, arbei-

Televisor
Der Televisor von John Logie Baird, Ende der 1920er Jahre.

tete August Karolus, im Auftrag der Firma Telefunken, in Deutschland an der Weiterentwicklung der Fernsehtechnik auf der Basis der Nipkow-Scheibe. Durch die Neuordnung der spiralförmigen Perforationen in konzentrisch verlaufenden Kreisen und die Verkleinerung der Löcher sowie der dazwischen liegenden Abstände erreichte er eine Steigerung der Anzahl der Bildzeilen und damit eine deutliche Verbesserung der Bildqualität. Ein Vertrag zwischen Karolus und Telefunken regelte 1928 die kommerzielle Nutzung seiner Forschungsergebnisse zur Lichtsteuerung bei der Fernbildübertragung. Im gleichen Jahr gründete Dénes von Mihály in Berlin die Telehor-AG, um die von ihm entwickelte Technologie zu vermarkten. Auf der Berliner Funkausstellung 1928 stellten Karolus und Mihály ihre Systeme der Öffentlichkeit vor. Das Fernsehbild des von Karolus für Telefunken entwickelten Empfangsgerätes wies eine deutlich höhere Qualität auf als das des Telehors.

Obgleich der Prototyp von Telefunken ein 96-Zeilen-Empfangsbild von acht mal zehn Zentimetern zeigte und eine Auflösung von 10.000 Bildpunkten erreichte, der Telehor von Mihály dagegen nur ein 30-Zeilen-Empfangsbild von vier mal vier Zentimetern und eine Auflösung von 900 Bildpunkten, gelang es Mihály, die Direktion der Deutschen Reichspost davon zu überzeugen, sein System zu fördern und weiter zu entwickeln. 1928 richtete sie in Berlin ein Forschungslabor für Fernsehtechnik ein und begann, gemeinsam mit Mihály, über den Berliner Sender Witzleben mit der Ausstrahlung regelmäßiger Fernseh-Versuchssendungen ohne Ton. Gezeigt wurden statische Bilder und Stummfilme, die abwechselnd mit Hörfunksendungen übertragen wurden.

Das erste öffentlich gesendete Fernsehtestbild
vom 8. März 1929, basierend auf dem Nipkow'schen Zeilenaustauschverfahren.

Da jedoch alle mechanischen Fernsehsysteme unbefriedigende Übertragungsergebnisse lieferten, wurde in der zweiten Hälfte der 20er Jahre, parallel zu den Versuchssendungen, die Entwicklung des elektronischen Fernsehens forciert. Bereits 1923 war es dem in Russland geborenen amerikanischen Physiker Wladimir Kosma Zworykin gelungen, auf der Basis der Braunschen Röhre den ersten elektronischen Bildzerleger zu entwickeln, das Ionoskop. Dieses Gerät arbeitete mit einer isolierten Glimmerplatte aus Cäsium-Silber-Tröpfchen. Die unterschiedlichen Ladungen der Tröpfchen wurden bei der Projektion eines Bildes auf die Platte durch einen Elektronenstrahl abgetastet, verstärkt und anschließend übertragen. Die erste elektronische Bildübertragung mittels einer Elektronenstrahlröhre auf Sender- und Empfangsseite gelang 1927 dem amerikanischen Funktechniker Philo Taylor Farnsworth.

1930 nahm der deutsche Physiker Manfred von Ardenne in Berlin das Prinzip des von Zworykin entwickelten Ionoskops auf und konstruierte einen Apparat, der sowohl zur elektronischen Bildabtastung als auch zur elektronischen Bildwiedergabe eingesetzt werden konnte. Im Dezember desselben Jahres stellte er sein System einem Fachpublikum vor und 1931 konnte er anlässlich der Funkausstellung in Berlin der Öffentlichkeit das erste elektronische Fernsehbild präsentieren.

Manfred Baron von Ardenne (1907–1997) Der Naturwissenschaftler und Forscher war vorwiegend auf dem Gebiet der angewandten Physik, der Funk- und Fernsehtechnik sowie der Medizintechnik tätig. Ardennes zahlreiche Erfindungen und Patente werden auf über 600 geschätzt.

Daraufhin begann die Reichsrundfunkgesellschaft mit der technischen Entwicklung und Erprobung eines elektronischen Fernsehsystems. Ab 1934 strahlte sie gemeinsam mit der Deutschen Reichspost erste Versuchsprogramme aus. Da man während der Erprobungsphase feststellte, dass die Kapazität der schmalbandigen Kabel in kHz-Bandbreite für die Übertragung von Fernsehbildern nicht ausreiche und eine Verbesserung der Bildqualität breitbandige Kabel im MHz-Bereich voraussetzte, begann man mit der Entwicklung von Koaxialkabeln, die ab 1934 verlegt wurden.

1935 startete in Berlin der erste regelmäßige Fernsehprogrammdienst. Ausgestrahlt wurden die Sendungen über den Fernsehsender Witzleben, an drei Abenden in der Woche für maximal zwei Stunden. Zum frühen Programmangebot gehörten Kurzfilme, Spielfilme, Nachrichtensendungen und Fernsehspiele. Im Hinblick auf die hohen Anschaffungskosten für Fernsehempfänger richtete die Deutsche Reichspost in Berlin und Potsdam fünfzehn öffentliche Fernsehstellen ein. 1936, während der Olympischen Spiele in Berlin, betrug die Sendezeit bis zu acht Stunden täglich, inklusive erster Live-Übertragungen.

Im Zeitraum von 1931 bis 1935 arbeitete in Großbritannien ein Forschungsteam der Firma Electric and Musical Industries Ltd. (EMI) an der Entwicklung eines elektronischen Fernsehsystems. Die erste öffentliche Übertragung mit diesem neuen System fand Ende des Jahres 1936 durch die BBC in London statt. In Frankreich war es René Barthélemy, der etwa zeitgleich an einem elektronischen Fernsehsystem arbeitete, das 1937 auf der Weltausstellung in Paris präsentiert wurde. Ihm war bereits 1931 mit einem mechanischen System die erste Fernsehübertragung in Frankreich gelungen. 1939 nahm auch in den USA ein Sender den elektronischen Fernsehbetrieb auf, die Radio Corporation of America (RCA) in New York. Der Sender wurde von der National Broadcasting Company (NBC) geleitet.

In Amerika begann, nach verschiedenen Versuchen, Fernsehbilder auch in Farbe zu übertragen, der Elektroingenieur Peter Carl Goldmark 1936 bei dem Sender Columbia Broadcasting System (CBS) an einem Farbfernsehsystem zu arbeiten, das auf den Gesetzen der additiven Farbmischung beruhte. Die Grundlagen für diese Entwicklung waren bereits Anfang des 20. Jahrhunderts von dem deutschen Physiker Otto von Bronk

René Barthélemy (1889–1954)
Der französische Physiker mit seiner Erfindung, dem Fernsehapparat RV-526746

geschaffen worden, der das erste Patent für ein Farbfernsehsystem beantragt hatte. In den folgenden Jahren wurde, auf der Basis unterschiedlicher Verfahren,
grundlegende Entwicklungsarbeit geleistet.

John Logie Baird, dem Konstrukteur des Televisors,
gelangen 1928 die ersten Fernsehübertragungen in
Farbe. Sein Farbfernsehsystem basierte auf den Gesetzen der additiven Farbmischung und kombinierte die
Nipkow-Scheibe mit drei rotierenden Farbfiltern.

Das optimierte Verfahren wurde 1935 von der For-
schungsanstalt der Deutschen Reichspost aufgegriffen.
Man verwendete den Kinemacolor-Zweifarbenfilm und
eine von Manfred von Ardenne entwickelte Farbbild-
röhre, in der drei Leuchtstoffe in den Primärfarben
durch einen Elektronenstrahl abgetastet wurden. Alternativ hierzu konstruierte Werner Flechsig 1938 die so
genannte Schattenmaskenröhre. Bei dieser Farbfern-
sehröhre bestand der Schirm aus einer Vielzahl von
Farbpunkten in den Primärfarben, die von je einem
Elektronenstrahl abgetastet durch eine Lochmaske fielen. Bedingt durch den Ausbruch des Zweiten Weltkrieges wurde die Entwicklung des Farbfernsehens in
Deutschland Ende der 30er Jahre unterbrochen und
erst in den 60er Jahren wieder aufgenommen.

In den USA war es, nach Versuchssendungen in den
40er Jahren unter der Leitung von Peter Goldmark, die
CBS, die 1951 von New York aus die erste öffentliche
Farbfernsehsendung übertrug. Das amerikanische
System, beruhend auf dem bisequentiellen Verfahren,
arbeitete sowohl bei der Aufnahme als auch bei der
Wiedergabe mit rotierenden Farbfiltern in den Primär-
farben. Da das Farbfernsehen mit dem Schwarz-Weiß-
Fernsehen nicht kompatibel war, brach man die Ver-
suchssendungen ab. Ebenfalls 1951 wurde das National
Television System Committee (NTSC) gegründet, dem
es 1953 nach zweijähriger Forschungs- und Entwick-
lungsarbeit gelang, Farbfernsehsignale über den gleichen Kanal zu übertragen wie die Signale für Schwarz-
Weiß-Sendungen. Noch im selben Jahr wurde das
NTSC-System für Versuchssendungen in den USA

freigegeben und zur Basis für das Farbfernsehen in Kanada und Japan.

In Deutschland wurde im Verlauf des Zweiten Weltkriegs nicht nur die Entwicklung des Mediums unterbrochen, sondern auch der Sendedienst einstellt. Die alliierten Siegermächte ordneten den Fernsehbetrieb nach Kriegsende neu. Die Monopolstellung der Deutschen Reichspost, die für die Verteilung der Frequenzen, die Errichtung und Wartung der technischen Anlagen und die Erhebung und Einziehung der Gebühren zuständig war, wurde aufgebrochen. Die Sender unterstellte man der Militäradministration und die rundfunktechnischen Anlagen gingen in den Besitz der Rundfunkanstalten über.

1948 beschloss der Verwaltungsrat des neu gegründeten Nordwestdeutschen Rundfunks (NWDR) in Hamburg, mit Zustimmung der britischen Militärregierung, den Sendebetrieb wieder aufzunehmen. Nach entsprechenden Vorbereitungen und Testsendungen übertrug der NWDR 1951 als Nordwestdeutscher Fernsehdienst (NWDF) das erste öffentliche Versuchsprogramm in der Bundesrepublik Deutschland. Die Sendezeit war, wie schon Mitte der 30er Jahre, auf jeweils zwei Stunden an drei Abenden in der Woche begrenzt. Gesendet wurden Kurz- und Spielfilme, Reportagen, Kinder-, Unterhaltungs- und Nachrichtensendungen. Um das Medium einem breiten Publikum zugänglich zu machen, richtete man erneut öffentliche Fernsehstellen ein. Parallel hierzu nahm die Philips GmbH 1951 mit dem TD 1410 die Serienproduktion von Fernsehgeräten in der BRD auf. Da die Anschaffungskosten hoch waren, verlief der Absatz schleppend. Im Jahr 1953, als die Deutsche Bundespost Fernsehgebühren einführte, konnten lediglich 12.000 Empfangsgeräte registriert werden. In den USA verfügten zu diesem Zeitpunkt bereits um

Fernsehgerät TD 1410 von Philips
1951 kostete der so genannte »Starenkasten« rund 1.500 DM, bei einem durchschnittlichen Stundenlohn von 2,25 DM.

die 20 Millionen Haushalte über einen Fernsehempfänger.

In der Deutschen Demokratischen Republik, wo 1952 in Berlin der Sendebetrieb aufgenommen wurde, waren anfangs nur etwa eintausend Haushalte mit einem Empfangsgerät ausgestattet. Die Mehrzahl der Fernsehzuschauer verfolgte die ersten Nachrichtensendungen über Fernsehempfänger der Marke Leningrad, die man in öffentlichen Räumen bereitstellte. Der regelmäßige Sendebetrieb des Deutschen Fernsehfunks (DFF) setzte jedoch erst 1956 mit der Eröffnung der Studios im Adlershof ein. Zu diesem Zeitpunkt begann in der Bundesrepublik Deutschland im Kontext des wirtschaftlichen Auf-

Fernsehgerät Leningrad T2
Sachsenwerk Radeberg, 1952
Der Leningrad T2 war Fernseh- und Rundfunkempfänger in einem: Wurde nur Radio gehört, konnte die Bildröhre durch eine mit Stoff bespannte Schiebetür abgedeckt werden.

schwungs bereits die Entwicklung des Fernsehens zum Massenmedium. Bis 1957 stieg die Zahl der angemeldeten Teilnehmer auf über eine Million, in der DDR konnte die Millionengrenze erst 1963 überschritten werden.

Wesentliche Voraussetzungen für diese Entwicklung in der BRD war die flächendeckende und systematische Erschließung und Versorgung aller Gebiete mit Sendern, Umsetzern und Füllsendern sowie der Ausbau des Sendeangebotes über die regionalen Fernsehprogramme hinaus. Beide Voraussetzungen waren 1954 erfüllt, als der Ausbau des Sendenetzes weitestgehend abgeschlossen war und die Arbeitsgemeinschaft der öffentlich-rechtlichen Rundfunkanstalten der Bundesrepublik Deutschland (ARD), 1950 durch den Zusammenschluss von neun Sendeanstalten gegründet, mit der Ausstrahlung ihres überregionalen Gemeinschaftsprogramms begann.

Mit dem Deutschlandvertrag ging 1955 die Funkhoheit von der Militärregierung auf das Bundesministerium für Post und Fernmeldewesen über, während die Rundfunkanstalten und die Rundfunkordnungen der Hoheit der Länder unterlagen. Zwei Jahre später,

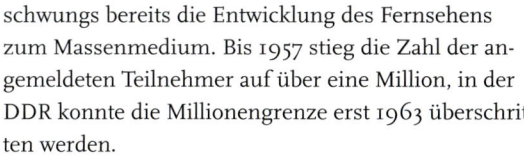

ARD
Logo, 2006
Die Arbeitsgemeinschaft der öffentlich-rechtlichen Rundfunkanstalten der Bundesrepublik Deutschland existiert seit 1950.

1957, beschloss die Bundesregierung, den Markt für ein durch Werbeeinnahmen finanziertes Fernsehen zu öffnen. 1961 wurde auf Initiative der Länder, die ihren Einfluss auf das Medium stärken wollten, der Staatsvertrag über die Errichtung der Anstalt des öffentlichen Rechts Zweites Deutsches Fernsehen (ZDF) unterzeichnet, das 1963 in Mainz den Sendebetrieb aufnahm. Zu diesem Zeitpunkt verfügten etwa sechs Millionen bundesdeutsche Haushalte über ein Fernsehgerät.

Zeitgleich begann in Deutschland die Forschungs- und Entwicklungsarbeit an einem optimierten Farbfernseh-System. Seit der Einführung des Farbfernsehens in den USA, 1954, hatte der französische Elektrotechniker Henri de France zahlreiche Versuche unternommen, um die Farbverschiebungen des NTSC-Systems bei Übertragungsschwankungen auszuschließen. Dies gelang ihm schließlich, indem er die Signale für den Farbton und die Farbsättigung abwechselnd mit den Zeilen übertrug und zwischenspeicherte. 1956 konnte er sein System unter dem Namen Sequentielle couleur à mémoire (SECAM) der Öffentlichkeit präsentieren. Da das SECAM-System ebenfalls noch Mängel aufwies, avancierte es erst 1966 nach diversen Verbesserungen zum Standardsystem in Frankreich. Von den Ostblockländern wurde es in den folgenden Jahren übernommen, so dass in der DDR, wo 1969 die erste Versuchssendung in Farbe ausgestrahlt wurde, ab 1972 regelmäßige Farbfernseh-Übertragungen, gestützt auf das SECAM-System, stattfanden.

Aufbauend auf das NTSC- und das SECAM-System entwickelte Walter Bruch das Phase Alternation Line System (PAL), das er 1963 bei Telefunken präsentierte und 1967 auf der Berliner Funkausstellung öffentlich vorstellte. Das PAL-System wurde zum Standard in Deutschland und zur Basis des Farbfernsehens in den anderen westeuropäischen Ländern, ausgenommen Frankreich. Die ersten industriell gefertigten Aufzeichnungssysteme für PAL-Signale wurden in den USA von der Radio Corporation of America entwickelt und

kamen 1966 auf den Markt. In den folgenden Jahren konnte auch in der Bundesrepublik Deutschland das Fernsehen auf
Farbe umgestellt werden.

Parallel hierzu fanden ein sukzessiver
Ausbau der Sendezeit und eine Diversifizierung der Programminhalte statt. Die
wesentlichen Voraussetzungen dafür waren Ende der 50er Jahre mit der Entwicklung der Videotechnik geschaffen worden,
die sowohl die technischen Anlagen, Geräte und Verfahren zur analogen oder digitalen Bild- und Tonaufzeichnung als auch
deren Wiedergabe über ein Endgerät umfasst.

**Walter Bruch
(1908–1990)**
Erfinder des Farbfern-
sehsystems PAL.

1956 stellte die Firma Ampex in Chicago unter der
Bezeichnung Ampex VR 1000 das erste Gerät zur
Aufzeichnung von Fernsehsendungen in Bild und Ton
vor. Die elektrischen Signale und Impulse wurden
durch Magnetisierung auf Magnetbändern gespeichert.
Diese hatte man zuvor ausschließlich zur Tonaufzeichnung verwendet (siehe Seite 164 ff.). Mit der Magnet-
aufzeichnung (MAZ), die 1956 in den USA und 1959
in Deutschland eingeführt wurde, war es nun möglich
geworden, Live-Sendungen nicht nur aufzunehmen
und zu speichern, sondern auch, sie zu bearbeiten und
zu vervielfältigen.

Den japanischen Firmen Sony Corporation (Sony)
und Japan Victor Company (JVC) gelang Ende der 60er
Jahre der erste Schritt zur Einführung der Videotechnik in den Heimanwenderbereich. Sie verwandelten
die raumgreifenden und kostenintensiven Videoauf-
nahmegeräte in vergleichsweise kleine und preiswerte
Videorecorder. Das erste Videokassettensystem, bei
dem sich das Aufzeichnungsband in einer rechteckigen Kunststoffhülle befand, führte Sony 1969 ein. Zu
Beginn der 70er Jahre kamen die ersten Videokasset-
tencorder von Philips und Grundig auf den Markt, die
auf dem VCR-System (Video Cassette Recorder) basierten, dem ersten erfolgreichen Videokasettensystem für

Videokassettenrecorder
N1700 (VCR Long Play),
Philips, 1976

die private Nutzung. 1975 präsentierte Sony das Beta-
max-System beziehungsweise Beta-Format, das im folgenden Jahr auf dem amerikanischen Markt eingeführt
wurde. Erst 1987 konnte sich das bereits 1976 von
JVC entwickelte VHS-System (Video Home System)
für Videokassettenrecorder im Heimanwenderbereich
weltweit als Standard durchsetzten.

Etwa zeitgleich, ab 1970, wurden in Großbritannien
und in der Bundesrepublik Deutschland die ersten
Bildplattenspieler vorgestellt. Als Speichermedien
dienten Bild- beziehungsweise Videoplatten, schall-
plattenähnliche audiovisuelle Informationsträger aus
Kunststoff. Die gespeicherten Bild- und Tonsignale
konnten mittels eines Abspielgerätes, des Bildplatten-
spielers, gelesen und über ein Fernsehgerät wiedergeben werden. Das Verfahren basierte auf dem von
den Firmen AEG-Telefunken, Teldec und Decca gemeinsam entwickelten TED-System (Television Disc),
bei dem die Bildplatte rotierend auf einem Luftkissen
schwebte und mechanisch abgetastet wurde. Aufgrund
geringer Speicherkapazitäten konnte sich das System
nicht durchsetzen.

DVD-Player
DVL-919E, Pioneer,
1999

Ende der 70er Jahre arbeitete Philips an einer zeitgemäßen Variante der Bildplatte, die unter dem Namen Laservison (LV) auf den Markt kam. Die analogen Bild- und Toninformationen wurden nun mittels Laserstrahlen abgetastet, um Abnutzungserscheinungen zu vermeiden. Auf der Basis der LV entwickelte Pioneer die LaserDisc (LD) als sowohl analoges als auch digitales Speichermedium und Philips die Compact Disc (CD) zur digitalen Tonaufzeichnung. Mitte der 80er Jahre arbeitete man an der Weiterentwicklung der CD, um sowohl die digitale Kodierung von Ton- als auch von Bildinformationen zu ermöglichen. Daraus entstand die CD-ROM, die sich als Speichermedium im Computerbereich weiter behauptet, im Videobereich jedoch durch die DVD-Video abgelöst wurde. Die DVD war ein gemeinsamer Standard, auf den sich die Anbieter verschiedener anderer Formate 1995 geeinigt hatten. Im Anschluss daran entwickelte Pioneer einen Player, der LD-, CD-, VCD- und DVD-kompatibel war und NTSC- in PAL-Signale umwandeln konnte. Das letzte Modell, das im deutschen Handel angeboten wurde, war der DVL-919E.

Auch die ursprünglich für die Fernsehstudiotechnik zur Aufnahme von Filmen auf Videobändern entwickelte elektronische Fernseh- beziehungsweise Videokamera etablierte sich in den 80er Jahren im Heimanwenderbereich. Den ersten Prototypen einer Aufnahmekamera mit eingebautem Bildaufzeichnungsgerät, den so genannten Camcorder, eine Videokamera kombiniert mit einem Videorecorder, präsentierte Sony 1980. Zwei Jahre später einigten sich Sony, JVC, Hitachi, Matsushita und Philips auf ein gemeinsames neues Format, das, entsprechend der Bandbreite, unter der Bezeichnung 8-mm-Videoformat in Deutschland eingeführt wurde.

Die Camcorder verdrängten ab Mitte der 80er Jahre die bis dahin von privaten Nutzern verwendeten Super-8-Film-Kameras. Die Bilder wurden nun nicht mehr direkt aufgezeichnet, sondern in elektrische Impulse umgewandelt, die man entweder live übertrug oder auf

Neueste Entwicklungen
Einen neuen Standard setzt zu Beginn des 21. Jahrhunderts die High Density DVD (HD DVD), die die Speicherung noch größerer Datenmengen ermöglicht. Im Frühjahr 2006 kam mit dem HD-XA1 von Toshiba der erste HD DVD-Player auf den Markt, der seit September unter der Bezeichnung HD-E1 auch in Europa angeboten wird. Die erste High Density DVD in deutscher Sprache »Elephants Dream«, ein computergenerierter Kurzfilm, erschien im August 2006.

Super-8-Film-Kamera
Braun Motor-Zoom-
Reflex 400 Super 8,
1968

einem Magnetband speicherte. Die Aufnahmen konnten auf einem Monitor überprüft und gegebenenfalls gelöscht und beliebig oft auf dem gleichen Band fixiert werden. Die neue Generation von DVD-Camcordern verbindet seit den 90er Jahren magneto-optische Verfahren mit digitaler Datenkompression. Die digitale Technologie der Moving Picture Experts Group (MPEG), die sich seit Ende der 80er Jahre mit der Videokompression befasst, setzt hier, ebenso wie beim Digital Video Broadcasting, neue Standards.

Das DVB (Digital Video Broadcasting), ein Verfahren zur medienübergreifenden Übertragung digitaler Inhalte durch digitale Technik, zeichnet sich durch größere Kompatibilität im PC-Bereich sowie durch umfassende Bearbeitungsmöglichkeiten aus. Parallel zur Verbesserung der Aufnahmequalität ist man seit den 90er Jahren auch bestrebt, die Wiedergabequalität zu optimieren. In diesem Kontext steht die Einführung von Plasmabildschirmen auf der Basis von ionisiertem Gas und von Flachbildschirmen auf der Basis von Flüssigkeitskristallen (engl. *liquid crystal display*, »Flüssigkeitskristallbildschirm«, kurz LCD). Bereits in den 70er Jahren beispielsweise für Taschenrechnerdisplays verwendet, etablierten sich die LCD erfolgreich im Fernseh- und Computerbereich. Steigende Absatzzahlen weisen darauf hin, dass sie die Kathodenstrahlröhre zukünftig vom Markt verdrängen werden. Unter Verwendung von LCD-Displays und mit Blick auf das Konkurrenzmedium Film werden die Bildschirme größer und nähern sich mit dem 16 : 9 Format der Kinoleinwand an.

Neben den Aufnahme- und Wiedergabegeräten unterlagen aber auch die Übertragungsmedien seit den 60er Jahren einem ständigen Wandel. 1962 wurden zum ersten Mal Fernsehsendungen zwischen Amerika und Europa mittels des Satelliten Telstar übertragen,

1965 konnte der erste kommerziell genutzte Nachrichtensatellit Early Bird in
Betrieb genommen werden, der neben
Fernsehsendungen auch Ferngespräche
und Fernschreiben übertrug.

Die Vergabe weltweiter Satellitenkanä-
le erfolgte 1972 auf einer Konferenz in
Genf, wo der Bundesrepublik Deutschland fünf Fernsehkanäle zugesprochen
wurden. Das erste deutsche Satelliten-
Pilot-Projekt TV-SAT startete 1987 und

Satellit Telstar
Der erste Kommunika-
tionssatellit wurde 1962
im Weltraum stationiert.

erwies sich wirtschaftlich zunächst als Fehlschlag. Erst
mit der Inbetriebnahme der Eutel- und Intel-Satelliten
gewann das Satellitenfernsehen in Deutschland zunehmend an Bedeutung.

Parallel zu dieser Entwicklung in der Satellitenüber-
tragung begann die Deutsche Bundespost 1972 mit
dem Bau von Kabel-Versuchsnetzen in den Abschat-
tungsgebieten von Hamburg und Nürnberg, zwei Jahre später wurden hier auch die ersten Versuchsanlagen
für das Kabelfernsehen errichtet. Die Verlegung von
Glasfaserkabeln erfolgte 1978 im Rahmen von Pilotprojekten zu Kabelgroßnetzen in Berlin, München,
Mannheim-Ludwigshafen und Dortmund. Ab 1983
testete man, auf der Basis des Breitbandkommunikati-
onskabelnetzes der Deutschen Bundespost, das Kabelfernsehen in vier Pilotprojekten, die als Modellversu-
che in Ludwigshafen, München, Dortmund und Berlin
durchgeführt wurden.

Im Kontext dieser Entwicklung entstanden neue
Formen der Telekommunikation und zahlreiche neue
Dienstleistungsangebote. So wurde, im Anschluss an
ein Versuchsprogramm der BBC, Mitte der 70er Jahre
in der Bundesrepublik Deutschland erstmals Videotext
erprobt und ab 1980 von den öffentlich-rechtlichen
Rundfunkanstalten eingeführt. 1984 konnte im Rahmen des Kabelprojekts Ludwigshafen erstmals Kabel-
text empfangen werden.

Parallel dazu startete das Privatfernsehen mit der
Programmgesellschaft für Kabel und Satellitenrund-

Teletext/Videotext
Ein Fernsehbild be-
steht aus einer fes-
ten Anzahl von Bild-
zeilen, die aber nicht
alle für die Übertra-
gung der Bilder ge-
braucht werden. Der
ungenutzte Bereich
lässt sich für Textin-
formationen nutzen,
meist programm-
bezogene Zusatz-
informationen der
einzelnen Sender.

funk, die ein Jahr später in SAT.1 umbenannt wurde. Seit 1985 bieten die öffentlich-rechtlichen Fernsehsender das Video Programm System an. Deshalb gehört der VPS-Decoder auf dem deutschen Markt seit den 90er Jahren zur Standardausrüstung der Videorecorder. Zeitgleich wurden 1985 erstmals Videokonferenzen beziehungsweise Fernsehkonferenzen übertragen. Die Bild- und Tonverbindung zwischen den Konferenzteilnehmern erfolgt mit Hilfe von Mikrofon, Fernsehkamera, Lautsprecher und Bildschirm über Breitbandkabel.

Zwischen 1989 und 1993 wurde von der Société Européenne des Satellites (SES) das Astra-Satelliten-System aufgebaut. Damit können flächendeckend Fernsehprogramme über Satellitensender direkt an Empfänger mit angeschlossenem Sat-Receiver ausgestrahlt werden. 1991 startete mit Premiere das Pay-TV in der Bundesrepublik Deutschland, das entweder via Satellit oder via Kabelanschluss empfangen und mittels eines Digitaldecoders entschlüsselt wird. Andere Pay-TV Angebote sind Pay-per-View (PPV) und Video-on-Demand (VoD), über die einzelne Sendungen abgerufen werden können. Video-on-Demand bietet zudem die Möglichkeit, den individuellen Sendetermin frei zu wählen.

Das eigentliche Potential der Digitalisierung liegt in der direkten Koppelung des digitalen Fernsehens mit anderen digitalen Medien wie dem Telefon und dem Computer. Der digitale TV-Receiver verfügt beispielsweise über Schnittstellen zum Telefon und zum Computer; so können vom Fernsehgerät aus Online-Dienste wie das Internet oder Angebote wie Teleshopping oder Telebanking in Anspruch genommen werden. Voraussetzung hierfür ist der Zugang zu Fernsehkanälen, die kommerzielle Dienste anbieten.

2007 bringt Apple Computer, Inc. ein Produkt unter der Bezeichnung iTV auf den Markt, mit dem sich Filme drahtlos vom Macintosh auf einen LCD-Fernseher übertragen lassen. Schon jetzt bietet Apple mit iTunes 7 TV-Sendungen und Spielfilme an, die über den Computer heruntergeladen und sowohl über diesen als auch über den iPod – und demnächst mittels iTV – auf dem Fernsehbildschirm gesehen werden können.

Zudem führt Digital Video Broadcasting – terrestrial (DVB-t) in Deutschland bis Ende 2007 im TV-Bereich zu einer weiteren Optimierung der Bild- und Tonqualität; das Ende der analogen Ausstrahlung ist deutschlandweit für 2010 geplant. Voraussetzung für den Empfang des hochauflösenden digitalen Fernsehens beziehungsweise High Definition Television (HDTV) mit seinen Vorzügen gegenüber dem analogen Fernsehen oder Standard Television Definition (SDTV) ist ein Fernsehgerät der neuen Generation, das mit der entsprechenden Empfangstechnik ausgestattet ist oder ein Zusatzgerät zur Umwandlung der digitalen Signale.

Der Prototyp von iTV präsentiert von Steve Jobs, 2006
Jobs ist Geschäftsführer der Apple Computer Inc.

Hochauflösendes digitales Fernsehen
High Definition Television ist ein Sammelbegriff, der eine Reihe von Fernsehnormen bezeichnet, die sich von den vorangegangenen durch eine größere Zeilenzahl, eine höhere Auflösung und ein verändertes Bildformat (16 : 9) unterscheiden.

Computer und Internet

Der Begriff Computer oder Rechner (von lat. *computare*, »rechnen«), bezeichnet ein elektronisches Gerät, das Daten mittels eines Algorithmus, also programmierbarer Rechenanweisungen, verarbeiten kann. Der Begriff entstand im 19. Jahrhundert und wurde ursprünglich im Kontext der Volkszählungen verwendet.

Im Wesentlichen kann man zwischen Groß-, Mini-, Mikro- und Kleinstcomputern differenzieren. Die Groß- und Minicomputer werden im professionellen Bereich verwendet, im Heimanwenderbereich und im Büro sind vorwiegend kleine und weniger leistungsfähige Mikrocomputer im Einsatz. Umgangssprachlich wird der Mikrocomputer, ausgenommen hiervon sind die von Apple Computer, Inc. (Apple) entwickelten Rechner, als Personal Computer (PC) bezeichnet, ein Begriff, der in den 8oer Jahren als Handelsname für IBM-kompatible Geräte eingeführt wurde. Unter dem Begriff Kleinstcomputer fasst man mobile Rechner wie den Personal Digital Assistant (PDA), den Taschencomputer, das Mobiltelefon oder das Smartphone zusammen.

Hinsichtlich der Datenverarbeitung unterscheidet man grundsätzlich zwischen Analog- und Digitalrechnern, die sich sowohl bezüglich einzelner Bauteile als auch im Hinblick auf ihre Verwendung unterscheiden. Analogrechner sind mit Kondensatoren und Verstärkern ausgestattet und werden teilweise noch im Bereich der Regelungstechnik verwendet. Digitalrechner basieren auf der Logikprogrammierung und sind universell einsetzbar. Zu Beginn des 21. Jahrhunderts haben die Digitalcomputer die Analogcomputer fast vollständig vom Markt verdrängt. Sie kommen im Heimanwenderbereich auch jenseits der Kommunikations- und Unterhaltungselektronik zum Einsatz.

Ein handelsüblicher Digitalcomputer besteht aus zwei wesentlichen Komponenten, Software und Hardware. Unter dem Begriff Hardware subsumiert man die elektronischen Bauteile des Rechners, diese sind bei einem Mikrocomputer: Monitor, Hauptplatine, Hauptprozessor, Arbeitsspeicher, Netzteil, Laufwerk, Festplatte, Maus und Tastatur. Die Software, die die

Vom Röhrenrechner bis heute
In der Geschichte des Mediums unterscheidet man, im Hinblick auf Hard- und Software, fünf Entwicklungsetappen: die bitorientierte Programmierung mittels Röhrenrechner in den 30er und 40er Jahren, die maschinenorientierte Programmierung der Transistorrechner in den 50er Jahren, die problemorientierte Programmierung mittels Rechner mit wenig integrierter Schaltung auf der Basis der ersten Chipmodule in den 70er Jahren, die dateiorientierte Programmierung mittels Rechner mit hoch integrierter Schaltung auf der Basis von Mikroprozessoren ab Mitte der 70er Jahre und ab Mitte der 80er Jahre die objektorientierte Programmierung mittels hochleistungsfähiger EDV-Systeme.

immaterielle Komponente des Computers beschreibt, ist eine definierte, funktionale Anordnung der Bausteine Berechnung, Vergleich und Bedingter Sprung. Die jeweilige Anordnung dieser Bausteine bezeichnet man als Computerprogramm. Es dient der Verarbeitung der Daten, die mittels der Hardware erfasst, gespeichert, ausgelesen, abgearbeitet und ausgegeben werden.

Historisch gesehen haben die ersten Computer ihren Ursprung bereits in den Bemühungen um automatisiertes Rechnen in Griechenland und Rom, auf der Basis von Calculi und Abakus (siehe Seite 13). Seit dem 17. Jahrhundert beschrieben und konstruierten Wissenschaftler und Forscher wie Wilhelm Schickard, Blaise Pascal und Gottfried Wilhelm Leibniz diverse Rechenmaschinen wie die Vier-Spezies-Maschine für alle Grundrechenarten. Leibniz forschte unter anderem auch im Hinblick auf die binäre Ausdrucksform für die alphanumerische Information und dokumentierte zu Beginn des 18. Jahrhunderts das Stellenwertsystem auf der Basis Zwei.

Dem Briten Charles Babbage gelang im 19. Jahrhundert ein weiterer entscheidender Schritt in der Geschichte des Mediums. Er entwickelte ab 1820 zwei unterschiedliche Typen von mechanischen Rechenmaschinen, die Difference Engine und die Analytical Engine. Der Prototyp der Difference Engine wurde 1832 vorgestellt und diente der Addition von Zahlenfolgen. Die Analytical Engine, die 1837 beschrieben wurde, sollte sowohl sämtliche Grundrechenarten als auch komplexe Rechenvorgänge beherrschen. 1853 baute der Schwede George Scheutz, gemeinsam mit seinem Sohn Edvard, das erste Modell einer Difference Engine nach Babbage.

Difference Engine
Rechenmaschine, 1832

Die Analytical Engine ist eng mit den Leistungen von Ada Lovelace verbunden, die als erste Programmiererin in der Geschichte des Mediums gilt und nach der die 1970 entwickelte Programmiersprache »Ada«

**Ada Lovelace
(1815–1852)**
eigentlich Augusta Ada
King Byron, Countess
of Lovelace, Mathematikerin

Universalcomputer
Ein Universalcomputer ist ein Rechner,
der nicht zur Lösung
spezieller Aufgaben
oder zur Erfüllung
eines bestimmten
Zweckes gebaut
wird, sondern zur
Bearbeitung unterschiedlicher Probleme und Fragestellungen.

benannt wurde. Sie verfasste 1843 einen
Artikel, in dem sie die Maschine beschrieb, und ergänzte in Form von Anmerkungen eigene Überlegungen zu
Funktion und Anwendungsmöglichkeiten. Ihre Ideen, die weit über die Vorstellungen von Babbage hinaus reichten,
weisen bereits auf einen Universalrechner. Zudem skizzierte Lovelace für die
Analytical Engine eine erste Anwendungssoftware.

Etwa einhundert Jahre später, 1934,
stellte IBM, eines der ersten Unternehmen im Bereich der Informationstechnik
(IT), den Multiplizierer IBM 601 vor, eine
nicht schreibende Multiplikations-Lochkartenmaschine. 1936 konzipierte der britische Mathematiker Alan
Mathison Turing die Universal Discrete Machine oder
Turing-Maschine als mathematisches Modell zur Definition berechenbarer Zahlen mittels eines universellen
Rechenautomaten.

Zeitgleich entwarf der deutsche Bauingenieur Konrad Zuse den ersten programmierbaren mechanischen
Rechner, der sowohl Rechenoperationen in den vier
Grundrechenarten als auch Quadratwurzelberechnungen ausführen konnte. Der 1937 präsentierte Z 1
war mit einem elektrischen Antrieb versehen und
arbeitete auf der Basis von Lochstreifen, auf denen die
einzelnen Rechenoperationen in Form von langen
Befehlsfolgen gespeichert waren. Die Codierung der
Lochstreifen aus Papier oder Kunststoff erfolgte mit
Hilfe von Stanzen, gelesen wurden die Daten mittels
Kontaktstiften. Wenige Jahre später entwickelte Zuse
die erste elektromechanische Anlage, die er 1941 unter
der Bezeichnung Z 3 vorstellte und die mit Relais für
Rechenwerk und Speicher ausgestattet war.

Parallel zu Zuse konstruierte der amerikanische Mathematiker Howard Hathaway Aiken ab 1939 an der
Harvard University den ersten Großrechner auf Lochkarten-Basis, indem er Baugruppen, Relais und Röh-

ren verschaltete. Mit Unterstützung von IBM konnte der Rechner bis 1944 fertig gestellt werden. Eingeführt unter der Bezeichnung Automatic Sequence Controlled Calculator (ASCC) beziehungsweise Harvard Mark I, wurde er während des Zweiten Weltkrieges von der US-Navy genutzt. Anfang der 40er Jahre arbeitete auch in England eine Gruppe von Wissenschaftlern und Ingenieuren an der Entwicklung von Großrechnern. Unter der Leitung von Tommy Flowers entstanden zwischen 1943 und 1946 unter dem Decknamen Colossus zehn Rechenanlagen auf Röhrenbasis, die zur Dechiffrierung von Nachrichten der Wehrmacht dienten.

Konrad Zuse (1910–1995)
Der Ingenieur und Unternehmer entwickelte den ersten programmierbaren mechanischen Rechner.

Der erste elektronische Digitalrechner wurde zwischen 1939 und 1942 von dem amerikanischen Physiker John Atanasoff und seinem Assistenten Clifford Berry am Iowa State College entwickelt und unter der Bezeichnung Atanasoff-Berry-Computer bekannt. Den ersten digitalen Universalrechner auf Röhrenbasis konstruierten John Presper Eckert, John William Mauchly und John von Neumann ab 1942 an der University of Pennsylvania. Unter dem Namen Electronic Numerical Integrator and Calculator (ENIAC) wurde er 1946 vorgestellt. Die serienmäßige Produktion setzte

ASCC oder Harvard Mark I
Der Großrechner von 1944 war mehr als 15,5 Meter lang, fast 2,5 Meter hoch und wog über 5 Tonnen.

jedoch erst 1951 mit der Fertigstellung des Universal Automatic Computer 1 (UNIVAC 1) durch Eckert und Mauchly für Remington Rand ein.

In den 40er Jahren begann man, die Universalrechner mit neu entwickelten Massenspeichern auszustatten. Das Magnetband etablierte sich als neues Speichermedium und verdrängte, infolge der höheren Verarbeitungsgeschwindigkeit und Speicherkapazität, die Lochkarte vom Markt. Bei den Magnetbändern handelte es sich um mit Ferritstreifen besetzte Plastikbänder. Die Aufzeichnung der Daten erfolgte im Binärsystem, sequentiell über die Magnetisierung der Streifen. 1948 kamen dann die Trommelspeicher auf den Markt, deren Oberflächenbeschichtung induktiv mittels Strom magnetisiert werden konnte beziehungsweise beim Auslesen der Daten einen induzierten Strom erzeugte.

Die Erfindung des Transistors durch John Bardeen, Walter Brattain und William Shockley in den Bell Laboratories markierte bereits 1947 den Wechsel von der ersten zur zweiten Computergeneration. Doch erst 1955 baute Jean Howard Felker für Bell Telephone Laboratories den ersten ausschließlich auf Transistoren basierten Rechner, den so genannten Transistorized Airborne Digital Computer (TRADIC). In den folgenden Jahren setzte sich der Transistor als Schaltelement für elektronische Rechner durch und löste die Röhrenbauweise ab. Gleichzeitig rückte die Entwicklung immer kleinerer Transistoren in den Fokus der Forschungsabteilungen. 1958 gelang es dem US-amerikanischen Ingenieur Jack St. Clair Kilby für Texas Instruments, mehrere Bauteile einer Schaltung – Transistoren, Widerstände und Kondensatoren – auf einem Kristallplättchen aus Germanium zusammenzufügen. In den folgenden Jahren entwickelten sich die Integrierten Schaltkreise (Integrated Circuits, IC) zu immer kleiner werdenden Chips.

Zur gleichen Zeit arbeitete IBM an der Magnetplatte als neuem Massenspeicher, der den Trommelspeicher ablöste. 1956 kam das erste Modell unter der Bezeich-

Transistor
Nachbau des ersten Transistors aus dem Jahr 1947.

nung Random Access Method of Accounting and Control (305 RAMAC) auf den Markt. Als peripherer Datenträger und Vorläufer der Festplatte verfügte er über eine Speicherkapazität von 5 Megabyte. Die Abtastung der Informationen erfolgte über einen Schreib- und Lesekopf in direktem Kontakt mit dem Medium. Der wesentliche Vorteil der Magnetplatte gegenüber dem Magnetband lag in der Möglichkeit, direkt auf die gespeicherten Dateien zuzugreifen, ohne dass der gesamte Datenbestand sequentiell durchsucht werden musste. Basierend auf dem Prinzip des Magnetplattenspeichers entwickelte man in den folgenden Jahren verschiedene Speichermedien, darunter Disketten und Festplatten, die zu Beginn der 70er Jahre eingeführt wurden.

Infolge der Verkleinerung der Schaltelemente und der Speichermedien entstand zu Beginn der sechziger Jahre eine neue Klasse von Computern, der Minicomputer, mit klar definierten, eingeschränkten Arbeitsbereichen. Das erste Modell, der Personal Digital Prozessor (PDP), wurde 1960 von der Digital Equipment Corporation (DEC) präsentiert. Die ersten Minicomputer erreichten, anders als die Großrechner, nicht mehr Raum füllende Ausmaße, sondern waren nur noch so groß wie ein Unterschrank. Zudem konnten sie von nur einer Person bedient, aber von mehreren Personen parallel genutzt werden. 1965 kam mit dem PDP-8 der erste Minicomputer auf den Markt, der in Serie gefertigt wurde.

Mit der Entwicklung des Mikroprozessors, der alle Bausteine auf einem Mikrochip zusammenfasste, legte Texas Instruments Anfang der 70er Jahre den Grundstein für die immer kleiner und leistungsstärker werdenden Computer der dritten Generation. Bereits der erste kommerziell vermarktete Mikroprozessor der Firma Intel (Integrated Electronics), der Intel 4004 beziehungsweise Ted, benannt nach seinem Erfinder, dem Ingenieur Marcian Edward »Ted« Hoff, der 1971 auf den Markt kam, war frei programmierbar.

Da die Bauteile für Computer nicht nur kleiner, son-

Intel 4004
Der erste kommerziell vermarktete Mikroprozessor, 1971, entwickelt von Marcian Edward »Ted« Hoff.

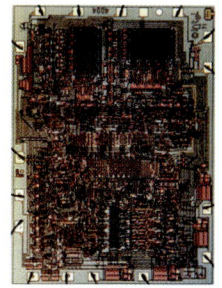

Ed Roberts (* 1942)
Entwickler des ersten erfolgreich vermarkteten Tischrechners.

William »Bill« Henry Gates (* 1942)
Gates ist Aufsichtsratsvorsitzender und leitete bis 2006 die Entwicklungsabteilung von Microsoft.

dern auch kostengünstiger wurden, begann man Mitte der 70er Jahre mit dem Bau von Geräten für den Heimanwenderbereich. Der erste Tischrechner, der sich erfolgreich vermarkten ließ, war der Altair 8800, der 1974 als Bausatz in den Handel kam. Sein Entwickler, Ed Roberts, Inhaber der Firma Micro Instrumentation and Telemetry Systems (MITS), beauftragte Anfang des Jahres 1975 Bill Gates und Paul Allen, zu diesem Zeitpunkt noch Studenten an der Harvard University, den BASIC Interpreter für den Altair 8800 zu schreiben.

Ende 1975 gründeten Bill Gates und Paul Allen die Firma Microsoft, mit dem Ziel, einen Universalrechner auf der Basis eines Mikroprozessors als *central processing unit* (CPU) zu bauen. Die gleiche Idee verfolgten Steve Jobs und Stephen Wozniak mit der Gründung der Firma Apple Computer, Inc., im Frühjahr 1976.

Während sich Microsoft in den folgenden Jahren auf die Entwicklung der Software für die Intel-Prozessoren in der Hardware von IBM spezialisierte, implementierte Apple seine Software in Hardware, die im eigenen Hause entstand und arbeitete dabei mit Prozessoren der Firma Motorola. Der Apple II, ausgestattet mit einem 6502-Prozessor, war der erste erfolgreiche Apple Computer und kam 1977 auf den Markt. Der erste erfolgreiche Personal Computer von IBM, der IBM 5150, kam 1981 in den Handel und war mit einem 8088-Prozessor von Intel ausgestattet.

In den 80er Jahren wurden die Mikrocomputer immer leistungsstärker und benutzerfreundlicher. 1983 stellte IBM den Personal Computer XT vor, der mit einer internen 10 MB-Festplatte ausgestattet war und als Vorbild für eine Vielzahl von Nachbauten, insbesondere aus Fernost, diente. Im gleichen Jahr brachte die Compaq Computer Corporation den ersten tragbaren IBM-kompatiblen PC auf den Markt. 1984 präsentierte Apple den ersten so genannten Mac, den Macintosh 128, mit Desktop Publishing, basierend auf dem Programm PageMaker (siehe Seite 70). Seine grafische Benutzeroberfläche, in deren Mittelpunkt der Finder stand, wurde in den kommenden Jahren von mehreren Mitbewerbern übernommen. Erweitert um einen Audio- und einen TV-Ausgang erschienen ab Mitte der 80er Jahre Heimcomputer und Spielkonsolen verschiedener Anbieter auf dem Markt, darunter IT-Unternehmen wie Commodore International und Atari.

Im Zuge der Weiterentwicklung der Mikroprozessoren stellte Intel 1993 den ersten Pentium-Prozessor vor, 1995 kam die BeBox von Be Incorporated, ausgestattet mit zwei Mikroprozessoren, auf den Markt. Die Kapazität der Arbeitsspeicher und peripheren Massenspeicher wie Magnetfestplatten und Wechselfestplatten wuchs stetig. 1997 präsentierte IBM den Intel-basierten Supercomputer ASCI Red. Nun wurden IBM-kompatible Mikrocomputer zunehmend auch im professionellen Anwendungsbereich einsetzt und verdrängten die Workstations vom Markt. Mit dem Power Mac G4 präsentierte Apple 1999 den ersten Computer, dessen Geschwindigkeit in Gigaflops gemessen wurde.

Apple II
Das erste Erfolgsmodell aus dem Hause Apple kam 1977 auf den Markt.

Personal Computer XT
IBM, 1983

**Tim Berners-Lee
(* 1955)**
Als Vorsitzender des World Wide Web Consortium (W3C) arbeitet er darauf hin, dass nur patentfreie Standards verabschiedet werden. Er selbst ließ sich seine Entwicklungen nicht patentieren.

Die Rechnerkommunikation wurde insbesondere durch die Entwicklung des Kommunikationsnetzwerkes Internet forciert. Es basiert auf dem 1969 entstandenen Advanced Research Projects Agency Network (ARPANET), das vom amerikanischen Verteidigungsministerium zur Vernetzung von Forschungs- und Militäreinrichtungen entwickelt wurde. Ziel war es, die bestehenden Rechnerkapazitäten optimal zu nutzen und die Datenübertragung zu dezentralisieren. Hintergrund war das Bestreben, im Falle eines Atomschlags einen ausfallsicheren Betrieb durch die Realisierung eines Gitternetzes zu ermöglichen.

Seit der Einführung des World Wide Web (WWW) steigt die Zahl der Internetnutzer stetig. Der Begriff wurde 1990 von dem britischen Informatiker Tim Berners-Lee eingeführt. Im Rahmen seiner Tätigkeit für die Europäische Organisation für Kernforschung (CERN) entwickelte er 1989 Vorschläge, um den Informationsaustausch zwischen den Wissenschaftlern und Forschern zu optimieren, die auf der Nutzung des Internets basierten. Ziel war es, wissenschaftliche Dokumente online zu publizieren. Um Textformatierung, Grafikeinbindung und Hypertextfunktionalität zu gewährleisten, entwarf er ein Dokumentenformat zur Auszeichnung von Hypertext, die Hypertext Markup Language (HTML), sowie das Hypertext Transfer Protocol (HTTP). Das Projekt, in dessen Rahmen Berners-Lee auch den Uniform Resource Locator (URL) und das Text-Anzeigeprogramm WorldWideWeb vorstellte, erhielt die Bezeichnung World Wide Web. Um Verwechslungen zu vermeiden, benannte er seinen Webbrowser später in »Nexus« um, da er das Programm auf einer NeXT-Workstation geschrieben hatte.

Mit der Präsentation der ersten grafikfähigen Webbrowser, insbesondere mit der Einführung des von Marc Andreesen am NCSA (National Center for Supercomputing Applications) entwickelten Browsers »Mosaic«, stieg die Anzahl der Internetnutzer ab 1993 deutlich an. Andreesen entwarf später den Internet-Browser NetScape und legte damit die Grundlage für zahllose Weiterentwicklungen im Browser-Bereich. Heute können Browser auch dynamische Inhalte, Musik und Animationen wiedergeben.

Auf der Basis der neuen Kommunikationstechniken etablierten sich neben dem WWW weitere Dienste, wie die Internet Protocol Telefonie (IP-Telefonie) im Rahmen des Next Generation Network (NGN). Neue Kommunikationsnetze wie E-Mail, Chatrooms, Wikis und Blogs, aber auch Online-Spiele und kommerzielle Angebote wie Video on Demand, entstanden im Kontext der Entwicklung neuer Gruppen-Software, so genannter Groupware. Infolge dessen stieg die Zahl der Menschen, die das Internet direkt oder indirekt nutzten immer weiter an und lag 2005 weltweit bereits bei einer Milliarde, darunter auch zwei Drittel der Deutschen.

Aktuell lässt sich diese Entwicklung bereits anhand der Nutzerstatistiken nachvollziehen, das so genannte »soziale Netz« wächst stetig, Web-Communities verzeichnen Zuwachsraten von 50 und mehr Prozent innerhalb eines Jahres. Wikipedia, eine freie Enzyklopädie mit nutzergeneriertem Content, lag im Ranking sowohl in Deutschland als auch in Amerika 2006 auf Platz zehn. Mit der Integration der Software iTunes durch die Firma Apple rückte 2005 das so genannte Podcasting, das Produzieren und Anbieten von Audio- und Videodateien über das Internet, ins Bewusstsein der Nutzer. Die Podcasts, in der Mehrzal kostenfreie themenbezogene Beiträge, können unabhängig von Zeit und Ort über den Webbrowser aus dem Internet heruntergeladen werden.

Im Hinblick auf Hard- und Software steigt die Leistungsfähigkeit der Rechner immer weiter, die Prozessorgeschwindigkeit wird in Gigahertz gemessen, Arbeitsspeicher verfügen über eine Kapazität von mehreren Gigabyte und Festplattenspeicher liegen im Terabyte-Bereich. 2001 baute IBM den Supercomputer ASCI White, 2003 brachte Apple den PowerMac G5 auf den Markt, den ersten Computer mit 64-Bit-Prozessoren. Doppelkern- beziehungsweise Dual-Core-Prozessoren sind seit 2005 im Handel und 2006 stellt

World Wide Web
Das World Wide Web ist ein über das Internet abrufbares Hypertext-System. Um die Daten vom Webserver zu holen und auf dem Bildschirm anzuzeigen, benötigt man einen Webbrowser. Hyperlinks innerhalb des angezeigten Dokuments können auf weitere Dokumente im Internet verweisen. Folgt man den Hyperlinks, so bezeichnet man dies als Internetsurfen.

Web 2.0
Die neueste Entwicklung weist derzeit auf die Konstituierung eines Web 2.0 hin, das im wesentlichen auf einer veränderten Wahrnehmung des Internets in den letzten Jahren basiert, ausgelöst durch neue interaktive Techniken und Dienste.

**Supercomputer
Blue Gene/L**
IBM, Lawrence Livermore National Laboratory, Kalifornien, 2005

Intel die Core-2-Duo-Prozessoren vor. Der derzeit schnellste Computer der Welt, der Supercomputer Blue Gene/L von IBM, erreicht eine Rechenleistung von 280,6 Teraflops pro Sekunde.

Aktuell liegen die Schwerpunkte in der Forschung unter anderem auf der Entwicklung von DNA- und Quantencomputern. Parallel hierzu entwickeln sich Kleinstcomputer zum integralen Bestandteil der Lebenswirklichkeit der Menschen in den westlichen Ländern. Neben den klassischen Rechnern treten Alltagsgegenstände mit neuen computerbasierten Funktionen in den Mittelpunkt des Interesses. Immer neue Produkte aus den Bereichen Portable Computing, Mobile Computing oder Wearable Computing kommen auf den Markt. Dabei verschmelzen, im Kontext der Digitalisierung, optische und akustische Medien zunehmend miteinander.

Akustische Medien
Hierzu gehören historisch betrachtet Telefonie, Hörfunk und verschiedene Tonträgersysteme. Hinsichtlich der Medientechnik unterscheidet man drei Entwicklungsstadien: mechanisch, elektrisch-analog und elektrisch- beziehungsweise elektronisch-digital.

Telefonie

Der Begriff »Telefonie« (von griech. *têle*, »fern«, und *phoné*, »Stimme«) bezeichnet die Kommunikation über ein Telefon- oder Funknetz.

Am Beginn der Geschichte der analogen akustischen Medien im weitesten Sinne standen, neben Menschmedien, beispielsweise den Rufposten, einfache Musikinstrumente wie Hörner oder Trommeln. Die früheste erhaltene Sprechrohrverbindung wurde in einem Wohnhaus auf Sardinien entdeckt und datiert in das erste Jahrtausend vor Christus. Im Jahr 968 nutzte der chinesische Philosoph Kung-Foo Whing das Prinzip des Bindfadentelefons erstmalig zur Kommunikation. Die Entwicklung apparategebundener Übertragungstechniken wurde aber erst in der Frühen Neuzeit systematisch vorangetrieben.

Um 1670 gelang es dem englischen Mathematiker Samuel Moreland, gesprochene Worte über größere Distanzen mittels eines trichterförmigen Instruments zu übertragen. In den folgenden Jahrzehnten konstruierte man verschiedene Telekommunikationssysteme. 1796 war es der deutsche Astronom Johann Sigismund Gottfried Huth, der für das von ihm vorgestellte Sprechrohrsystem die Bezeichnung »Telefon« oder »Fernsprecher« verwendete. Die ersten nicht konvertierenden akustischen Telefone, bei denen die Über-

Die Grundlagen

Im Wesentlichen basiert das Telekommunikationssystem auf drei Komponenten: den Übertragungskanälen, den Vermittlungsstellen und den Endgeräten. Dienten in der Frühen Neuzeit mit Gleichstrom gespeiste Doppeladern zur Signalübertragung, nutzt man heute kabelgebundene Telefonnetze, drahtlose Funknetze oder paketvermittelte Datennetze. Bei der Einführung der Telefonie wurden die Fernsprechverbindungen in Fernsprechämtern über Handvermittlungseinrichtungen hergestellt, später erfolgte die Vermittlung automatisch über Knoten innerhalb des Nachrichtennetzes, so genannte Fernvermittlungs- und Durchgangsvermittlungsstellen. Als Endgeräte fungieren traditionell Funkgeräte und Telefone, seit dem Ende des 20. Jahrhunderts auch Mobiltelefone und Computer.

tragung des Schalls mechanisch durch einen Trichter erfolgte, hatten eine noch sehr geringe Reichweite.

Eine entscheidende Erweiterung der medientechnischen Möglichkeiten brachte im Verlauf des 19. Jahrhunderts die Nutzung der Elektrizität. Samuel Finley Morse legte 1837, mit der Entwicklung des Morsetelegrafen (siehe Seite 93 f.) und der Signalübertragung mittels elektrischer Stromleitungen, die Grundlage für die Übertragung konvertierter akustischer Signale. Damit war auch die Basis für die Überbrückung größerer Distanzen geschaffen. In der zweiten Hälfte des 19. Jahrhunderts wurden die ersten elektrifizierten analogen Telefonapparate konstruiert, mit deren Hilfe die beim Sender erzeugten akustischen Signale in elektrische Ströme umgewandelt, zum Empfänger weitergeleitet und dort in akustische Signale zurückverwandelt wurden.

Johann Philipp Reis, Lehrer und Physiker, konstruierte 1861 ein elektrisches Telekommunikationssystem, das aus einem Geber und einem Empfänger bestand, die durch eine Leitung miteinander verbunden waren. Die uncodierte Signalübertragung erfolgte mittels eines Schallwandlers, eines Platinplättchens und eines Platinstiftes, befestigt auf einer Membran aus Schweinedarm. Diese Membran wurde über den Gebeapparat in Form eines würfelförmigen Holzkästchens gespannt. Sprach man in den Telefonapparat, vibrierte die Membran entsprechend den ankommenden Schwingungen und der Platinstift, das so genannte Hämmerchen, schlug auf das Plättchen auf. Infolgedessen wurde eine galvanische Batterie abwechselnd

Wegbereiter
Als Wegbereiter der elektrisch-analogen Telefonie gelten Antonio Meucci, ein US-Amerikaner italienischer Abstammung, der Deutsche Johann Philipp Reis und die US-Amerikaner Alexander Graham Bell und Elisha Gray.

Telekommunikationssystem
Konstruiert von Johann Philipp Reis, 1861 (links der Geber, rechts der Empfänger).

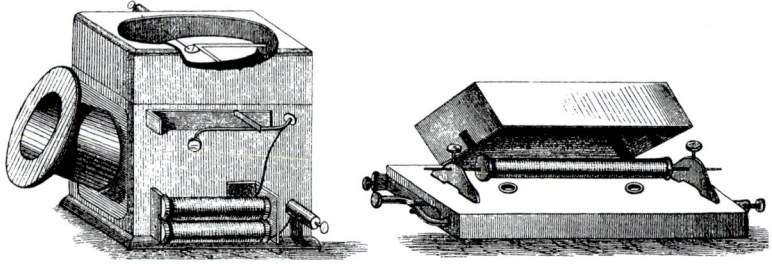

geöffnet und geschlossen und der so freigesetzte
Strom zum Empfangsapparat gesendet. Dieser bestand
aus einem Resonanzboden, in dem ein Stahlstift befestigt war, umgeben von einer Magnetisierungsspirale.
Über dem Empfänger befand sich ebenfalls ein wür-
felförmiges Holzkästchen, das den Resonanzraum
definierte.

Mit seinem Telefonapparat, der sich stark an Bau-
und Funktionsweise des menschlichen Hörorgans
orientierte, gelang es Reis erstmalig, Töne und Klänge
in guter Qualität zu übertragen. Da die gesprochenen
Worte jedoch nur stark verfremdet empfangen wurden,
war sein Telefonsystem zur kommerziellen Nutzung
ungeeignet. Als Kommunikationsmedium
konnte sich das Telefon erst einige Jahre
später, auf der Basis des von Alexander
Graham Bell 1876 vorgestellten Systems,
etablieren. lm Gegensatz zum Apparat von
Reis basierte das Telefon Bells nicht auf
dem Prinzip der Änderung des Widerstan-
des, sondern arbeitete mit elektromagnetischen lnduktionsströmen, um die Übertragung kontinuierlicher Signale zu gewährleisten.

**Alexander Graham Bell
(1847–1922)**
mit dem von ihm ent-
wickelten Apparat, der
Geber und Empfänger
verbindet.

Bells Apparat konnte als Geber und Empfänger benutzt werden. Er bestand aus einem Wandler in Form
einer biegsamen Metallmembran, eines Stabmagneten
und einer den Magneten umschließenden Drahtspule.
Die beim Sprechen erzeugten Schallwellen versetzten
die Membran in verschieden starke Schwingungen.
Durch den geänderten Magnetfluss wurden in der
Spule elektrische Spannungen induziert. Die auf diese
Weise in elektrische Signale umgewandelten Schallwellen leitete man über eine Drahtverbindung zum
Empfangsgerät weiter. In dessen Wandler fand dann
der umgekehrte Prozess statt: Der ankommende mo-
dulierte Strom erzeugte ein veränderliches magnetisches Feld, das die Membran in Schwingungen versetzte und Schallwellen hervorbrachte.

Vermutlich basierte Bells Telefonapparat auf der Ent-

Alexander Graham Bell
Versuche mit dem
verbesserten Telefon,
1876.

Alexander Graham Bell
Versuche mit dem
verbesserten Telefon,
1876.

wicklungsarbeit von Antonio Meucci, dem es 1854 gelungen war, die erste Fernsprechverbindung überhaupt herzustellen. In den folgenden Jahren entwickelte er ein Telefonsystem, das er 1871 zum Patent anmeldete. Da Meucci die erforderlichen Mittel für die Eintragung nicht aufbringen konnte, verfiel die Anmeldung 1873. In dieser Zeit arbeitete Bell vorübergehend im Labor Meuccis, wo dieser seine Dokumente und Arbeitsmodelle aufbewahrte. Im Bemühen um Gerechtigkeit hat der Kongress der Vereinigten Staaten in einer Resolution aus dem Jahr 2002 die Alexander Graham Bell zugeschriebene Erfindung des Telefons als Entwicklung Antonio Meuccis anerkannt.

Möglicherweise profitierte auch Elisha Gray von Meuccis Forschungsergebnissen. 1875 war er Teilhaber der Western Electric Company, wo er mit Versuchen zur elektrischen Übertragung von Sprache mittels eines Telefonsystems begann. Auch Meucci hatte Kontakt zur Western Electric Company aufgenommen und nach dem Verfall seiner Patentanmeldung einen Teil seiner Modelle und Aufzeichnungen zur Prüfung hinterlegt. Diese Unterlagen, die 1874 angeblich verloren gegangen waren, könnten Gray vorgelegen haben, als er im Forschungslabor mit seiner Entwicklungsarbeit begann.

Im darauf folgenden Jahr, 1876, beantragten sowohl Bell als auch Gray das Telefon-Patent, welches Bell zugesprochen wurde, der seinen Antrag am gleichen Tag wie Gray, jedoch zwei Stunden früher, eingereicht hatte. Daraufhin gründete Bell 1877, zusammen mit Thomas Sanders, Gardiner Greene Hubbard und Thomas Watson, der maßgeblich an der Entwicklungsarbeit beteiligt war, die Bell Telephone Company und begann mit dem Aufbau der ersten öffentlichen Telefonnetze in den USA. Bereits wenige Monate später bot Bell, infolge vorübergehender Absatzschwierigkeiten, sein Telefon-Patent der Western Electric Company zum Kauf an, diese lehnte jedoch ab.

Im Verlauf der nächsten Jahrzehnte gelang es der Bell Telephone Company, sich erfolgreich am Markt zu etablieren, den amerikanischen Telekommunikationsmarkt im Rahmen zahlreicher Fusionen zu erobern und schließlich auch zu dominieren. 1925 entstanden die Bell Telephone Laboratories, um die Arbeiten in den Forschungslaboratorien der AT & T (American Telephone & Telegraph Corporation) und der Western Electric Company besser zu koordinieren und effektiver zu gestalten. Die AT & T, noch heute einer der mächtigsten Telekommunikationskonzerne der Welt, wurde 1885 gegründet, um das erste Fernsprechnetz in den USA zu betreiben.

In Deutschland, wo seit den Versuchen von Johann Philipp Reis keine nennenswerte Entwicklungsarbeit im Bereich der Telefonie mehr geleistet wurde, führte Heinrich von Stephan 1877 erste Versuche zur praktischen Anwendung durch. Zu Testzwecken ließ er in Berlin zunächst eine nur wenige Kilometer lange Telefonverbindungen einrichten, wobei je ein Bell-Telefon

Fernsprechapparat
nach Bell, hergestellt
von Siemens & Halske,
1878

am Ende der Leitung als Gebe- und Empfangsapparat
diente. Um die Grundlage für den geplanten Aufbau
von Telefonnetzen zu schaffen, beauftragte er die Tele-
graphen-Bauanstalt Siemens & Halske mit der Herstellung weiterer Apparate. Werner von Siemens, Teilhaber der Firma, hatte bereits 1877 das deutsche Patent
auf eine technisch optimierte Version des Telefons von
Bell angemeldet, die in einem Fernhörer mit Hufeisen-
magneten bestand, und die Produktion aufgenommen.
Die Bell Telephone Company versuchte vergeblich, den
nicht lizenzierten Nachbau zu unterbinden. Ende des
Jahres produzierten Siemens & Halske täglich zirka
200 Telefonapparate, die ab 1878 auch an Privathaus-
halte verkauft wurden.

Das erste öffentliche Fernsprechnetz im Deutschen
Reich wurde zu Beginn des Jahres 1881 in Berlin in
Betrieb genommen. Das Fernsprechbuch verzeichnete
damals 99 Teilnehmer.

Ab 1883 begann man Freileitungslinien zwischen
den großen deutschen Städten zu verlegen und im
Kontext der Pariser Weltausstellung im Jahr 1900 wurde die erste Fernsprechverbindung zwischen Berlin
und Paris eingerichtet. Ebenfalls seit dem Jahr 1900
befand sich ein Transatlantikkabel, das von Emden in
Ostfriesland über die Azoren-Insel Fayal bis nach Co-
ney Island in New York reichte, im Besitz der Deutsch-
Atlantischen See-Kabelgesellschaft, da im Kontext der
Auswanderungswelle ab 1880 der Bedarf an transatlan-

Transatlantikabel
Das erste Transatlantikkabel war bereits 1858 zwischen
England und Amerika verlegt worden, jedoch infolge mangelnder Isolierung schon nach wenigen Wochen nicht mehr
funktionstüchtig. Erst nach der Wende zum 20. Jahrhundert
standen besser isolierte Kabel zur Verfügung, 1919 gab es
bereits etwa ein Dutzend Transatlantikkabel, die sich vorwiegend in englischem Besitz befanden und der Telegrafie
dienten (siehe Seite 94). Ab 1927 war es dann möglich,
transatlantische Telefonverbindungen auch mittels Funk-
übertragung herzustellen. Das erste transatlantische Tele-
fonkabel, das Schottland und Neufundland miteinander verband, wurde 1956 in Betrieb genommen.

tischen Verbindungen sprunghaft angestiegen war. 1912 erhielt die Firma Siemens & Halske den Auftrag zur Verlegung eines unterirdischen Fernkabels, des so genannte Rheinlandkabels, das von Berlin bis nach Köln verlief und in einem einzigen Kabelstrang mehrere Fernsprechleitungen zwischen der Hauptstadt und den wichtigsten Städten im Rheinland vereinigte. Durch die Verlegung von Fernkabeln in den anderen europäischen Ländern und deren fortschreitende Vernetzung wurden Ferngespräche über immer weitere Strecken möglich.

Die manuelle Vermittlung der stetig steigenden Zahl von Telefongesprächen übernahmen Telefonistinnen, junge Frauen, die ab 1891 in den Fernsprechämtern angestellt wurden. Wollte ein Teilnehmer ein Ferngespräch führen, betätigte er den Kurbelinduktor an seinem Apparat. Der dadurch erzeugte Wechselstrom brachte im Fernsprechamt am so genannten Klappenschrank den Elektromagneten zum Anzug, der dem Teilnehmer zugeordnet war. Dieser gab eine Metallklappe frei, die dann herunterfiel. Das »Fräulein vom Amt« verband daraufhin ihr Sprechzeug über die Klinke des Anrufers mit dessen Fernsprechapparat, um den Vermittlungswunsch zu erfragen. Anschließend stellte sie den Kontakt her, indem sie die Klinken der beiden Gesprächsteilnehmer miteinander verband. War die Leitung belegt, wurde der Anrufer von der Telefonistin zurückgerufen, sobald ein Verbindungsaufbau möglich war. Wollte der Anrufer das Gespräch beenden, drehte er erneut am Kurbelinduktor. Dies war für die Vermittlerin das Signal, die Verbindung zu trennen und die Klappe wieder in die Ausgangstellung zurückzubringen.

Als in den deutschen Fernsprechämtern Telefonistinnen die manuelle Gesprächsvermittlung übernahmen, hatte der US-Amerikaner Almon Strowger mit der Konstruktion des elektrischen Schrittschaltwählers im Jahre 1888 bereits die Grundlage für ein automatisches Telefonvermittlungssystem gelegt. Dieses konnte sich Ende des 19. Jahrhunderts in Amerika und zu

Klappenschränke
In der Telefonzentrale
von London, um 1881

Beginn des 20. Jahrhunderts in Europa etablieren und verdrängte die jungen Frauen, die um 1910 jährlich mehr als zwei Millionen Gespräche vermittelten, wieder aus dem Beruf. 1929 überstieg die Zahl der automatisch hergestellten Verbindungen erstmals die der manuellen Vermittlungen. Infolge der Automatisierung wuchs der Informationsbedarf, der durch die Einrichtung der Telefonauskunft gedeckt wurde, die man dann in den 30er Jahren ebenfalls zu automatisieren begann.

Seit Beginn des 20. Jahrhunderts, infolge der Erfindung des Schrittschaltwählers und der damit möglich gewordenen automatischen Telefonvermittlung, stattete man Tisch- und Wandapparate mit Nummernschaltern beziehungsweise Wählscheiben aus. Die ersten Telefonapparate, die über einen Hörer mit integriertem

Erste Schritte
Die erste Fernvermittlungsstelle in Deutschland mit Selbstwählbetrieb wurde in Berlin im Jahr 1900 eingerichtet. 1908 eröffnete in Hildesheim das erste öffentliche Fernsprechamt mit Selbstwählbetrieb. Es war die erste Einrichtung dieser Art in Europa, die etwa 900 Teilnehmer und rund 1200 Anschlüsse verzeichnete. Öffentliche Fernsprechzellen wurden in Deutschland 1912 eingeführt.

Lautsprecher und Mikrofon verfügten – eine Entwicklung von Siemens, die in das Jahr 1904 datiert –, kamen um 1910 auf den Markt. Doch erst Mitte des 20. Jahrhunderts, nach dem Ende des Zweiten Weltkrieges und im Kontext des wirtschaftlichen Aufschwungs, konnte sich das Telefon als Kommunikationsmedium in den bundesdeutschen Haushalten durchsetzen. Bis Mitte der 70er Jahre war in der BRD die flächendeckende Versorgung mit privaten Festnetzanschlüssen gesichert und Mitte der 80er Jahre erreichte deren Zahl den vorläufigen Höchststand. Nach der Wiedervereinigung, zu Beginn der 90er Jahre, stieg die Anzahl der Anschlüsse in den neuen Ländern sprunghaft an und entwickelte sich dann, wie in der gesamten Bundesrepublik Deutschland, mit der Einführung der mobilen Telefonie, rückläufig.

Zu den ersten Endgeräten, die in der Nachkriegszeit in großer Stückzahl produziert wurden und im Bundesgebiet weit verbreitet waren, gehörte bis 1960 der Tischfernsprecher W48 (Wählfernsprecher 1948) und von 1961 bis Anfang der 80er Jahre der FeTAp (Fernsprechtischapparat) der Deutschen Bundespost, von dem verschiedene Modelle mit Wählscheibe oder Tastatur hergestellt wurden. Das Tastentelefon erschien in den 70er Jahren auf dem Markt und basierte auf dem Mehrfrequenzwahlverfahren oder Tonwahlverfahren, das 1955 in den Bell Telephone Laboratories entwickelt wurde und auf weiteren Entdeckungen auf dem Gebiet der Mikroelektronik. Es behauptet sich bis heute in der analogen Telefonie. Die Firma Hagenuk in Kiel produzierte 1975 das erste Modell eines Tastentelefons und 1984 das erste schnurlose Telefon in Deutschland.

Seit Mitte der 70er Jahre wurden die Geräte in immer kürzeren Abständen technisch erweitert, beispielsweise durch Rufnummernspeicher, Display und Freisprechfunktion. Hinzu kamen häufige Modellwechsel und eine breite Angebotspalette bezüglich Ausstattung,

Tischfernsprecher W48
Modell aus den 1950er Jahren

ISDN-Bildtelefon
Telenorma, 1990

Design und Farbe. Bedingt durch immer leistungsstärkere elektronische Bauteile wurden Ende des 20. Jahrhunderts zahlreiche weitere Funktionen integriert, wie die Wahl von Klingeltönen, elektronische Telefonbücher und die Benutzerführung über das Display. Anrufweiterleitungen und Konferenzschaltungen, Nummernspeicher und Anruferlisten, die Wahlwiederholung und die Rückruffunktion setzten immer neue Standards in der Entwicklung des Mediums.

Bereits 1979 hatte die Deutsche Bundespost beschlossen, die elektromechanischen Vermittlungstechniken zu digitalisieren und die Daten zukünftig über ein einheitliches Netz zu übertragen. Ab 1989 wurde ISDN (Integrated Services Digital Network), ein internationaler Standard für ein digitales Telekommunikationsnetz, der 1980 verabschiedet worden war, bundesweit eingeführt. Seit 1993 steht ISDN in der Bundesrepublik Deutschland flächendeckend zur Verfügung. Im gleichen Jahr war die Deutsche Telekom Mitunterzeichnerin des »Memorandum of Understanding on the Implementation of a European ISDN«, mit dem Ziel, das als Euro-ISDN bekannte System als europäischen Standard zu übernehmen. Im Kontext der Digitalisierung hat sich das Medium Ende des 20. Jahrhunderts zu einem wesentlichen Bestandteil eines weltweiten Nachrichtennetzes entwickelt.

Ab 1982 stand mit dem Satellitentelefon erstmals ein System zur Verfügung, mit dem ohne flächendeckende erdgebundene Infrastruktur weltweit mobil telefoniert werden konnte. Die Anfänge der Entwicklung des Mobilfunks datieren in Deutschland in das Jahr 1918, als von der Deutschen Reichsbahn erste Versuche mit Funktelefonen im Raum Berlin durchgeführt wurden. 1926 bot die Reichsbahn, in Zusammenarbeit mit der Reichspost, ihren Kunden erste Fernsprechverbindungen über Funktelefone in Zügen auf der Strecke zwischen Berlin und Hamburg an. Das Funktelefon etablierte sich in den folgenden Jahren im öffentlichen und professionellen Bereich als Handsprechfunkgerät, im privaten Bereich wurde es 1958 als Autotelefon eingeführt.

Dank der Fortschritte der Mikroelektronik konnten zu Beginn der 80er Jahre erste kleine tragbare Funktelefone entwickelt werden, die so genannten Mobiltelefone (engl. *mobile phone*). 1983 präsentierte Motorola mit dem DynaTAC 8000x das weltweit erste kommerzielle Modell. Das Gerät wog fast ein Kilogramm und ähnelte eher einem Walkie Talkie als dem heute umgangssprachlich als Handy bezeichneten Mobiltelefon. Im Verlauf der folgenden Jahre wurde das Handy immer kleiner, leichter und preiswerter. So konnte es sich erfolgreich am Markt etablieren und zu einem Universalgerät entwickeln, das derzeit für die Mehrzahl der Europäer und die meisten Deutschen zum ständigen Begleiter geworden ist.

DynaTAC 8000x
Motorola, 1983
Rudy Krolopp mit dem von ihm entwickelten ersten Mobiltelefon, das noch mit erheblichen Anschaffungs- und Nutzungskosten verbunden war.

Wie das drahtgebundene Telefon besteht auch das Mobiltelefon aus den Bauteilen Lautsprecher, Mikrofon, Tastatur und Anzeige sowie einer Steuerung. Zusätzlich bedarf es für die mobile Telefonie eines Sendeempfängers und einer Antenne. Die Stromversorgung wird in der Regel über einen Akkumulator gewährleistet. Für den Betrieb des Gerätes benötigt man außerdem eine SIM-Karte, die der Identifizierung im Mobilfunknetz dient.

Mit der Einführung flächendeckender digitaler Mo-

bilfunknetze im Bundesgebiet konnte die Batterieleistung der Mobiltelefone und damit auch deren Gehäusegröße weiter reduziert werden. 1990 wurde das D-Netz, 1994 das E-Netz eingeführt. Beide Systeme arbeiteten nach dem GSM-Standard (Global System for Mobile Communications). Das erste GSM-fähige Mobilgerät stellte Motorola 1992 unter der Bezeichnung International 3200 vor. 2004 nahm in Deutschland das UMTS-Netz (Universal Mobile Telecommunications System) den Betrieb auf. Infolge dieser Entwicklung sanken die Preise und das Mobiltelefon konnte sich in den 90er Jahren im privaten Bereich als Kommunikationsmedium durchsetzen. Im Jahr 2000 übertraf die Zahl der Mobilfunkgeräte erstmals die der Festnetzanschlüsse. Bis 2005 stieg die Anzahl der Mobilfunknutzer in Deutschland auf rund 76 Millionen, das entsprach einem Anteil von 92 Prozent der Bevölkerung. Weltweit rechnet man Ende des Jahres 2006 mit über zwei Milliarden Mobilfunkteilnehmern und einer Wachstumsrate von einer Million täglich. Schätzungen zufolge werden im Jahr 2010 mehr als drei Milliarden Menschen mobil telefonieren.

Die Mobiltelefone der neuen Generation dienen nicht mehr ausschließlich der Telekommunikation, sondern sind hochleistungsfähige Multifunktionsgeräte, die Telefon, Kamera, MP3-Player, Radio, Uhr, Navigationsgerät, Rechner und Spielkonsole in sich vereinen. Für sie hat sich die Bezeichnung Smartphone oder PDA-Phone (Personal Digital Assistant) durchgesetzt.

Neue Dienste wie Push-to-talk erweitern das Leistungsspektrum der Mobiltelefone und tragen zur Steigerung der Nutzerzahlen bei. Insbesondere der Short Message Service (SMS), über den Kurznachrichten versendet werden können, wird zunehmend genutzt; Schätzungen zufolge wurden im Jahr 2006 deutschlandweit mehr als vierundzwanzig Milliarden Short Messages verschickt. Der Erfolg dieses Dienstes führte in den letzten Jahren zu Weiterentwicklungen wie dem Enhanced Message Service (EMS), über den man auch Bilder und Klingeltöne versenden und empfangen kann, sowie dem Multimedia Message Service (MMS). Der Multimedia Message Service bietet die Möglichkeit, mit einem Mobiltelefon multimediale Nachrichten wie Texte, Bilder, Töne und Videos von bis zu 500 KB zu versenden oder zu empfangen. Deutschlandweit wurden 2006 schon mehr als 100 Millionen Multimedia Messages (MM) versendet. Dabei können die Daten, in Abhängigkeit vom Telefontyp, auch über E-Mail, Infrarot oder mit Hilfe von Bluetooth auf einen Computer übertragen werden. Zudem ist es möglich, via WAP oder Mobile HTML im Internet zu surfen und von dort Bilder, Spiele und Klingeltöne auf das Mobiltelefon herunterzuladen.

Auf der CeBIT präsentierten die Aussteller 2006 im Bereich Telekommunikation eine Reihe von Neuentwicklungen. Darunter auch Dual-Mode-Telefone, die Mobilfunk- und Festnetztelefonie kombinieren, indem sie unterwegs mit WLAN über das GSM-Mobilfunknetz senden und zu Hause drahtlose Netze und Voice-over-IP (VoIP) nutzen. Außerdem wurde der Prototyp des ersten DVB-H-Phones, definiert durch eine integrierte TV-Funktion, von BenQ Mobile vorgestellt. Die ersten DVB-H-Phones werden jedoch nicht vor 2007 auf den Markt kommen.

CeBIT
Die CeBIT (Centrum der Büro- und Informationstechnik) ist die weltweit größte Messe für Informationstechnik. Sie findet seit 1986 in jedem Frühjahr in Hannover statt.

Neue Standards setzte 2006 Samsung Electronics, das erste Unternehmen, das ein Mobiltelefon mit Festplattenspeicher auf den Markt gebracht hat. Es präsentierte auf der CeBit mit dem SGH-i310 ein Smartphone, das Telefon, Digitalkamera und MP3-Player kombiniert. Ausgestattet ist es mit einer 2-Megapixel-Kamera mit Fotolicht, Micro-SD-

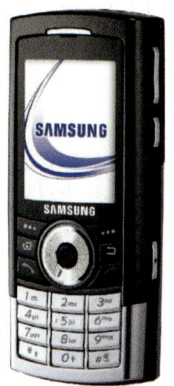

SGH-i310
Samsung, 2006
Das weltweit erste Smartphone mit integrierter 8-GB-Festplatte.

Steckplatz, Bildbetrachtungssoftware, TV-Ausgang, Bluetooth mit Stereo-Audio-Streaming, digitalem Soundverstärker und Stereo-Lautsprecher. Auf seiner 8-GB-Festplatte können mehr als 2000 Musiktitel gespeichert werden. Als Betriebssystem dient Windows Mobile 5.0. Das Smartphone bietet außerdem eine USB-2.0-Schnittstelle sowie eine Plug-&-Play-Funktion, die gewährleistet, dass ein PC das Mobiltelefon als Massenspeicher erkennt. Dadurch können Daten auf das Smartphone heruntergeladen oder von hier auf den PC übertragen werden.

In weniger als fünf Jahrzehnten hat sich das Funktelefon zum Smartphone entwickelt, das zum wichtigsten Kommunikationsmedium des mobilen Menschen avanciert ist. Im Kontext dieser Entwicklung haben sich aber auch extreme Formen der Dauer- und Parallelnutzung herausgebildet, die als Suchtverhalten gelten oder als Strategie dienen können, um die direkte Kommunikation zu vermeiden. Für die Gesellschaft resultiert hieraus die Aufgabe der frühen und umfänglichen Vermittlung von Kompetenz im Umgang mit dem Medium.

In geschlossenen öffentlichen Räumen wie Kirchen, Wartesälen, Kinos, Theatern, Restaurants oder auch in Verkehrsmitteln wird die Nutzung von Mobiltelefonen inzwischen oft als störend empfunden, so dass man teilweise versucht, ihren Betrieb aktiv oder passiv, beispielsweise durch Verbotsschilder oder die Abschirmung der Räume – in den USA auch durch den Einsatz von Störsendern – zu unterbinden. Als Nachrichtenspeicher bei Unerreichbarkeit oder Abwesenheit, aber auch als Mittel zur Kontrolle eingehender Anrufe und als Gesprächsfilter dienen Anrufbeantworter oder Voice-Mailbox (siehe Seite 165).

Tonträgersysteme

Zu den Vorläufern der analogen akustischen Speichermedien im weitesten Sinne gehören Klangerzeugungsapparate wie die mechanisch-pneumatische Wasserorgel, die bis in das 3. Jahrhundert vor Christus zurückdatiert. Die Geschichte der Tonträgersysteme als akustische Speichermedien beginnt jedoch erst mit der Herstellung mechanischer Musikinstrumente, die Klangfolgen nicht nur erzeugen, sondern auch wiedergeben können.

Einer der ersten Informationsträger für komplexe Tonfolgen war die Stiftwalze, deren Erfindung um 820 den Brüdern Banu Musa am Hof des Kalifen in Bagdad zugeschrieben wird. Sie diente zur Abdeckung der Löcher einer wasserbetriebenen Flöte. Die Stiftwalze, die im Gegensatz zu den analogen Speichermedien des 19. und 20. Jahrhunderts ohne eigentliches Aufnahmeverfahren die Speicherung allein mit Hilfe mechanischer Steuerungselemente ermöglichte, wurde in Europa um 1300 bekannt. Hier setzte man sie beispielsweise bei der Mechanisierung des Glockenspiels der Uhren in der Kathedrale von Beauvais und am Straßburger Münster ein. In der frühen Neuzeit verwendete man sie bei der Herstellung von Musikschränken, Virginalen, Drehorgeln sowie Spieluhren und -dosen.

Im 18. Jahrhundert stellte der Franzose Jacques de Vaucanson seinen automatischen Flötenspieler vor, der mit einer spiralförmigen Stiftwalze ausstattet war, deren Speicherkapazität die der zylinderförmigen Walzen übertraf. Um 1770 gründete Friedrich der Große in Berlin Werkstätten für Flöten- und Harfenuhren, die sich, ebenso wie die schweizerischen Spieldosen, Ende des 18. Jahrhunderts auch in den bürgerlichen Haushalten etablieren konnten.

Mitte des 19. Jahrhunderts wurde die Stiftwalze als Steuerungselement durch mit Stiften bestückte Platten ersetzt, die von Alexandre François Debain eingeführt wurden, oder durch Lochkarten, die Claude-Félix Seytre erstmals als Toninformationsträger verwendete. Die Lochkarte als Speichermedium für akustische Informationen wurde in den folgenden Jahren weiter ausdifferenziert, so entwickelte Paul Lochmann die auswechselbare Lochplatte und Michael Welte führte die Papiernotenrolle ein. Damit konnte das Repertoire der mechanischen Musikinstrumente deutlich erweitert werden.

In der zweiten Hälfte des 19. Jahrhunderts vermarktete die Musikwerkeindustrie immer neue mechanische Musikinstrumente, darunter auch das von Ernst Paul Ehrlich entwickelte Ariston, das auf auswechselbaren kreisrunden Scheiben als Toninformationsträgern basierte. Der Antrieb erfolgte mittels einer Handkurbel, die einen Blasebalg betätigte und die Lochscheibe in Bewegung versetze. Zu Beginn des 20. Jahrhunderts erschien das Welte-Mignon-Reproduktions-Klavier der Firma Michael Welte & Söhne aus Freiburg, das die individuelle Wiedergabe von Musikstücken einzelner Komponisten und Interpreten in guter Qualität auf der Basis von Papiernotenrollen ermöglichte. 1908 stellte die Firma Hupfeld eine mechanische Violina vor, die mittels eines Rundbogens fünf Geigen spielte.

Die ersten mechanischen Sprechmaschinen, die Ende des 18. Jahrhunderts von Christian Gottlieb Kratzenstein, Wolfgang von Kempelen und Abbé Mical vorgestellt wurden, waren noch nicht selbstspielend.

Welte-Mignon Kabinett
um 1905; ein früher
Typ des Reproduktions-
klaviers ohne Klaviatur.

Kempelens Apparat, den er um 1790 entwickelte, basierte noch auf einem möglichst naturgetreuen Nachbau der menschlichen Organe. Die Lunge wurde durch einen Blasebalg, die Stimmbänder durch eine Zungenpfeife, der Nasenraum durch ein Rohr und der Rachenraum durch einen Gummitrichter simuliert, letzterer definierte den Resonanzraum und konnte manuell verformt werden. Die Reproduktion einer komplexen Folge von Tönen oder Worten war mit diesen frühen Sprechmaschinen jedoch ebenso wenig möglich, wie die Fixierung einer individuellen Stimme.

Einen wichtigen Schritt in der Entwicklung der Tonträgersysteme vollzog der Franzose Édouard Léon Scott de Martinville 1855 in Paris mit der Entwicklung des Phon-Autographen (»Schall«- oder »Klang-Selbstschreiber«), der auf einem neuen Verfahren zur Tonaufzeichnung basierte. Die Sprache wurde hier rein akustisch durch einen Trichter, mittels einer Membran, die ankommende Schallschwingungen registrierte, auf einen Stift übertragen, der die Informationen dann auf ein mit Ruß geschwärztes Papier aufzeichnete.

Zinnfolien-Phonograph
Mit einem solchen Gerät produzierte Edison 1877 die erste Sprachaufnahme: Er zeichnete den Kinderreim »Mary had a little lamb« auf und schuf damit zugleich das erste Hörbuch.

Das erste Medium, das Sprache nicht nur aufzeichnen, sondern auch wiedergeben konnte, war der Zinnfolien-Phonograph, den Thomas Alva Edison ab 1876 entwickelte. Dieser akustisch-mechanische Rekorder bestand ebenfalls aus einem Trichter, einer Membran, an der ein Metallstift befestigt war, sowie einer Trommel, der so genannten Edison-Walze, die mit Zinnfolie umwickelt wurde. Drehte man an der Walze und sprach gleichzeitig in den Trichter, versetzten die ankommenden Schallschwingungen den Stift, der an der Membran befestigt war, in Bewegung. Dieser übertrug die Schwingungen auf die Edison-Walze und hinterließ auf der Zinnfolie die Informationen in Form von Linien und Abdrücken. Um diese Informationen abzurufen, kehrte man den Prozess um, indem man die Walze erneut drehte, wobei der Stift die Membran in Schwingungen versetze und somit Töne erzeugte, die über den Trichter wiedergegeben wurden.

Am Markt konnte sich der Phonograph erst im Zuge seiner Weiterentwicklung etablieren. Die optimierte Walze wurde aus einem speziellen Wachs angefertigt und verbesserte die Klangqualität erheblich. Angeregt vom Graphophon, einer 1885 durch Alexander Graham Bell und anderen verbesserten Version des Phonographen, präsentierte Edison den Improved Phonograph 1889 auf der Weltausstellung in Paris.

Emil Berliner, der bereits Mitte der 80er Jahre mit dem Phonographen Edisons experimentierte, um ein alternatives Tonträgersystem zu entwickeln, ersetzte bei der Aufzeichnung der Toninformationen die Tiefenschrift durch die Seitenschrift mit konstanter Schnitttiefe. Dadurch wurde es möglich, die am Gerät befindliche Schalldose und den Trichter mittels der Rille zu führen und auf die bisher für Aufnahmen notwendige Führungsspindel zu verzichten. Zudem verwendete Berliner als Toninformationsträger statt der Edison-Walze eine kreisrunde Scheibe aus Zink, die mit Wachs überzogen war, einen Durchmesser von zwölf Zentimetern hatte und mit 150 Umdrehungen in der Minute lief. Die Speicherung der Toninformationen erfolgte hier als Zickzacklinie in Form einer Spirale. Zur Vervielfältigung dieser Scheiben entwickelte Berliner ein mechanisches Verfahren: identische Kopien wurden unter Verwendung von widerstandsfähigen Materialien wie Hartgummi oder Schellack gepresst – damit war die Schallplatte erfunden.

Grammophon
um 1910

Im Jahr 1889 wurde der erste Berliner-Phonograph in Thüringen hergestellt. Das Wiedergabegerät, das in den 90er Jahren unter der Bezeichnung Grammophon erfolgreich vermarktet wurde, war ab 1890 mit einem Federantrieb und ab 1895 mit einem Elektromotor ausgestattet und wurde stetig weiterentwickelt. 1904 erschien unter dem Odeon-Label die erste doppelseitig bespielte Schallplatte von zweimal zwei Minuten Laufzeit. Parallel hierzu wurden Versuche unternommen, den Durchmesser der Schallplatte bis auf fünfzig Zentimeter zu vergrößern.

Etwa zur gleichen Zeit gelang es auch Edison, ein Matritzenverfahren für die Walze seines Phonographen zu entwickeln. 1908 führte er qualitativ hochwertige Amberol-Zylinder mit 160 Umdrehungen pro Minute und vier Minuten Laufzeit ein, musste jedoch aufgrund mangelnder Nachfrage die Produktion der Zylinder-Phonographen 1913 einstellen. Die Coin-in-a-slot-Phonographen hingegen, die auf einer Modifikation des Edison-Phonographen basierten, wurden zu Beginn des 20. Jahrhunderts in Serie gefertigt. In Lokalen aufgestellt, wurden sie mit 20 Cent Münzen in Gang gesetzt und können als direkte Vorläufer der Jukebox gelten, die 1907 auf den Markt kam und mit Schallplatten betrieben wurde.

1924 kamen die ersten Radio-Grammophone auf den Markt, wobei das Grammophon hier noch rein mechanisch funktionierte. Der erste vollständig elektrische Plattenspieler, der auf dem Grammophon basierte, wurde in den Bell-Laboratories entwickelt und ging 1925 in die Serienproduktion. Beim Brunswick Pantatrope wurden die Schwingungen der Schallplatte von einer Stahlnadel abgenommen, über eine Membran ein Ton erzeugt und dieser erstmals mittels eines Lautsprechers wiedergegeben.

Die zunehmende Verbesserung und Verbreitung digitaler Techniken in allen Medienbereichen führte im Lauf der 80er Jahre zur Verdrängung der Mikrorillenplatte durch andere akustische Speichermedien. Bereits Mitte der 30er Jahre war das elektromagnetische Aufnahmeverfahren mittels Tonbandgerät für den professionellen Bereich entwickelt worden. Auf der Internationalen Funkausstellung in Berlin stellte die Firma AEG 1935 das Magnetophon K1 vor. Das Bandmaterial, das L-Type-Band aus Acetylcellulose, einem Kunststoff, wurde von der Firma BASF gefertigt. Die erste Stereoaufnahme auf diesem Speichermedium stammt aus dem Jahr 1943.

LP und Single

Die Vinylschallplatte, die 1952 auf den deutschen Markt kam, wurde von Peter Carl Goldmark erfunden, der 1948 die erste Langspielplatte als Long Playing Record, mit einer Spielzeit von zweimal 23 Minuten, zum Patent anmeldete. Die als Konkurrenzmedium entwickelte Single kam 1949 auf den Markt.

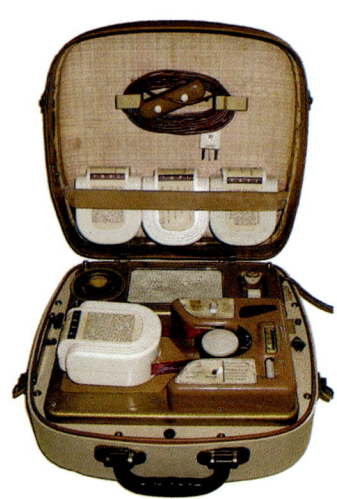

Tefifon
Tragbares Gerät aus
dem Jahr 1957.

Nach dem Zweiten Weltkrieg etablierten
sich die ersten Geräte, die auf dem Magnet-
tonverfahren basierten, im Heimanwenderbereich, darunter auch das von dem
deutschen Unternehmer Karl Daniel entwickelte Tefifon. Das Tefifonband, das als
Speichermedium fungierte und eine Laufzeit von vier Stunden erreichte, war ein
Kunststoffband, in das, wie bei einer
Schallplatte, die Toninformationen in spiralförmigen Rillen eingraviert und von
einer Nadel abgetastet wurden. Als Abspiel-
geräte dienten verschiedene Modelle des
Tefifons, Musiktruhen, Koffergeräte mit
Radioteil und kleine tragbare Tischgeräte.
Die Produktion des Tefifons, das sich
gegen das Magnettonband nicht am Markt behaupten
konnte, wurde 1965 eingestellt.

Heute werden Tonbänder im professionellen Bereich fast ausschließlich als Tonbandmaschinen eingesetzt, die zur magnetischen Speicherung digitaler
Audiosignale dienen. Im Heimanwenderbereich wurde
das Tonband ab Mitte der 60er Jahre vom Cassetten-
Recorder verdrängt, nachdem Philips 1963 das voll-
transistorierte Cassettengerät und die Compact-
Cassette (CC) vorgestellt hatte, die Mono und Stereo
bespielt werden konnte. Erstmals bestand nun die
Möglichkeit zur Aufnahme und zum Mitschnitt von
Fernseh- und Hörfunksendungen sowie beliebiger
akustischer Signale im privaten Bereich.

Im Jahr 1965 kam dann die Musiccassette (MC) auf
den Markt und 1969 wurde das Cassetten-Abspielgerät
für das Auto entwickelt. Der 1979 von Sony präsentierte Walkman eröffnete weitere mobile Anwendungsmöglichkeiten und galt, wie heute der iPod von Apple,
als ein Attribut des modernen Menschen. Für Diktier-
geräte, die ihren Ursprung in Edisons Phonographen
hatten und in den 20er Jahren als Ediphone vertrieben
wurden, sowie für Anrufbeantworter, von denen die
ersten Modelle in den 50er Jahre hergestellt wurden,

kamen Ende des 20. Jahrhunderts immer kleinere
Cassetten zum Einsatz.

Der Vorläufer des Anrufbeantworters war ein Text-
ansagegerät, das Alibiphon, das von der Firma Willy
Müller 1957 vorgestellt wurde. Die Aufzeichnung von
Nachrichten wurde aber erst ab 1958 mit der Entwicklung des Alibicords möglich. Im gleichen Jahr präsentierte der Japaner Kazuo Hashimoto den ersten Anrufbeantworter, der kommerziell vermarktet wurde.
Aktuell erfolgt die Aufzeichnung von Nachrichten je
nach Typ des Anrufbeantworters noch analog auf einem Magnetband oder bereits digital in einen Halb-
leiterspeicher, dem Random Access Memory (RAM).
Die Mobilfunkanbieter stellen alternativ die so genannte Voice-Mailbox, umgangssprachlich auch als
Mobil- oder Voicebox bezeichnet, zur Verfügung. Für
Festnetzanschlüsse existieren vergleichbare Angebote
zur Aufzeichnung eingehender Anrufe, deren Abruf
meist gebührenpflichtig ist.

Basierend auf der Digitalisierung entwickelte man
im Tonbandbereich ab Mitte der 80er bis zum Ende
der 90er Jahre akustische Speichermedien wie das
Digital Audio Tape (DAT), die Digital Compact Cassette
(DCC), die Compact Disc (CD), die Mini Disc (MD)
und die wiederbespielbare CD (CD-RW). Ende der
90er Jahre wurde im Heimanwenderbereich die Compact Cassette und mit ihr auch die elektromagnetische
Aufzeichnung von Toninformationen weitestgehend
durch die Compact Disc und damit durch die digitale
Datenspeicherung verdrängt. Die Audio-CD war 1982
von Philips und Sony, das Abspielgerät, der CD-Player,
bereits im Jahr zuvor von Philips präsentiert worden.
Als digitales Tonträgersystem arbeitet der CD-Player
mit einem indirekten Verfahren zur Abtastung der
Daten. Mit einem Laser werden die Informationen, die
auf der CD, in einer von einem Kunststoffmantel um-
gebenen Folie aus Silber oder Gold, gespeichert sind,
ausgelesen.

Bei der Entwicklung der digitalen Tonträgersysteme
stand, neben der Speicherplatzökonomie, die Optimie-

Der Anrufbeantwor-
ter oder die Voice-
Mailbox stellt sicher,
dass alle Anrufe
registriert und in der
Regel auch Nachrich-
ten hinterlassen
werden können. Sie
dienen aber nicht
nur als Nachrichten-
speicher, sondern
auch als Nachrich-
tenfilter, mit dem
man dem Anspruch
seines Gegenübers
auf permanente Ver-
fügbarkeit und Kom-
munikationsbereit-
schaft entgehen und
die eingehenden
Informationen steu-
ern kann.

rung des Bedienkomforts der Geräte im Vordergrund.
Ein Beispiel hierfür sind die im Rahmen der Einführung der Mini Disc 1992 durch Sony in der zweiten
Hälfte der 90er Jahren entwickelten Mini-Disc-Diktiergeräte, Mini-Disc-Decks oder Mini-Disc-Recorder. Sie
ermöglichen nicht nur die zusätzliche Speicherung
von Textinformationen, die beispielsweise vom Display
als Lauftext abgelesen werden können, sondern erlauben auch den direkten Zugriff auf einzelne Textpassagen oder Titel, um diese abzuspielen, zu löschen oder
zu verschieben. Im Kontext der zunehmenden Verknüpfung von Text-, Bild- und Toninformationen im
Zeitalter der Digitalisierung stellte Sony im Jahr 2004
ein neues Speichermedium vor, das die Nachfolge der
Mini Disc antritt, die Hi-Mini Disc (Hi-MD), mit einem
Gigabyte Speicherplatz.

An der Wende zum 21. Jahrhundert verfügte jeder
Haushalt in Deutschland statistisch über zwei bis drei
Compact-Disc- beziehungsweise Mini-Disc-Abspielgeräte, wozu neben stationären und mobilen Playern
auch der PC zählt. Im Zuge der Digitalisierung und
der damit verbundenen Verschmelzung von optischen
und akustischen Medien sind auch die CD-Player der
neuen Generation für die Wiedergabe multimedialer
Inhalte ausgelegt und können neben Musik- auch Text-
und Bildinformationen sowie verschiedene Formate
wie DVD und MP3 wiedergeben, letzteres ist das populärste Format für die Platz sparende Speicherung von
digitaler Musik aus dem Internet. Im Jahr 2004 erschien mit der Dual Disc (DD) ein Hybrid aus CD und
DVD auf dem Markt.

Auch die aktuellen portablen MP3-Mini-Disc-Player,
beispielsweise von Sony, die Nachfolger von Walkman
und Discman, unterstützen alle gängigen digitalen
Audioformate. Marktführer unter den Festplatten basierten portablen MP3-Playern ist der iPod der Firma
Apple, der von Tony Fadell 2001 entwickelt wurde. Mit
dem iPod der fünften Generation, der über eine Speicherkapazität von bis zu 80 Gigabyte verfügt, können
Musiktitel, aber auch Hörbücher, Fotos, Spiele und

iPod von Apple
Fünfte Generation,
2006

Musik aus dem Netz

Neben illegalen Musikbörsen und legalen Tauschbörsen bietet inzwischen auch die Musikindustrie Möglichkeiten zum Download von – kostenpflichtigen – Musiktiteln an. Bertelsmann, AOL/Time Warner und EMI gründeten in Zusammenarbeit mit RealNetworks 2001 das Unternehmen Musicnet. 2003 starteten Apple mit iTunes Music Store (iTMS) und T-Online mit Musicload eigene Download-Dienste, 2004 stieg unter anderem Sony mit der Gründung der Firma Connect in den Online-Musikmarkt ein.

Videos wiedergeben werden. Die entsprechenden Dateien, mittels der kostenlosen Apple-Software iTunes auf einem Apple-Computer oder auf einem PC archiviert, überspielt man, je nach Modell, via FireWire und/oder USB auf den iPod.

Die aktuelle Entwicklung zielt auf die Erweiterung mobiler Anwendungsmöglichkeiten, so unterstützen Autoradios bereits heute das MP3-Format. Die Daten können beispielsweise vom Laptop, der Festplatte oder vom iPod übertragen werden. Auf der CeBIT 2006 stellte der Berliner DSL-Spezialist AVM ein VoIP-Handy für die Internet-Telefonie mit der Funktion eines MP3-Players vor.

Hörfunk

Der Begriff »Hörfunk« steht für ein technisches Verfahren zur Aufnahme, Übertragung und Wiedergabe von Toninformationen von einem Sender zu mehreren Empfängern. Die Aufzeichnung des Tons findet in der Regel mit Hilfe von Mikrofonen statt, die Ausgabe erfolgte über Trichter, später über Lautsprecher, die in die Endgeräte integriert sein können. Als Endgeräte fungieren stationäre oder mobile Radioempfänger, aber auch Computer und Mobiltelefone. Der Empfang von Hörfunksendungen erfolgte anfangs noch rein mechanisch, später elektronisch. Bediente man sich bei der Übermittlung der Daten zu Beginn noch der Telefonleitungen, sendet man heute über terrestrische Netze, Satelliten oder über Kabelverteilernetze. Aktuell erfolgt die Übertragung analog oder digital,

Rundfunk, Tonrundfunk, Radio

Umgangssprachlich wird der Hörfunk auch als Radio (von lat. *radius*, »Strahl«) bezeichnet. Zu Beginn der Entwicklung des Mediums war die Verwendung des Begriffs Rundfunk gebräuchlich, der jedoch Hörfunk und Fernsehen subsumiert, so dass man nach der Einführung des Fernsehens ab Mitte der 1920er Jahre auch von Tonrundfunk sprach.

**Nicola Tesla
(1856–1943)**
Der Erfinder und Elektroingenieur formulierte 1893 die Grundprinzipien der Radiotechnik.

wobei das analoge Verfahren bis 2012, im Rahmen des analogen »switch off«, europaweit durch ein digitales Verfahren ersetzt werden soll.

Die Grundlagen für die Entwicklung des Mediums Hörfunk wurden im 19. Jahrhundert unter anderem im Kontext der Forschungen zur elektrischen Telegrafie gelegt, in deren Rahmen 1833 die ersten erfolgreichen Versuche mit elektromagnetischen Telegrafen stattfanden (siehe Seite 93). Erste uncodierte Übertragungen von akustischen Signalen folgten in der zweiten Hälfte des 19. Jahrhunderts (siehe Seite 145 f.). Weitere Forschungsergebnisse, auf denen die Entwicklung des Hörfunks aufbaut, stammen aus dem Bereich der frühen Tonträgersysteme, wie des Zinnfolien-Phonographen, der um 1877 datiert (siehe Seite 161 f.).

Der drahtlose Rundfunk, dessen Anfänge in die 90er Jahre des 19. Jahrhunderts zurückgehen, basierte auf der Entdeckung der elektromagnetischen Wellen durch Heinrich Hertz im Jahr 1886.

Die technischen Grundlagen des Rundfunks wurden von Nicola Tesla, einem Amerikaner serbischer Abstammung, untersucht. Er formulierte bereits 1893 die Grundprinzipien der Radiotechnik und konstruierte eine entsprechende Anlage, die allerdings 1895 bei einem Brand zerstört wurde. Die Entwicklung des ersten Funksenders und -empfängers mit Antenne gelang dem Russen Alexander Stepanowitsch Popow, der 1896 die Worte »Heinrich Hertz« an eine 250 Meter entfernte Empfangsstation übertrug. Auch der Italiener Guglielmo Marconi nutzte Ende der 90er Jahre die drahtlose Signalübertragung zur Übermittlung akustischer Informationen, indem er das von Popow entwickelte Gerät nachbaute und patentieren ließ. Im Bemühen um Gerechtigkeit hat das Oberste Patentgericht der USA 1943 die Guglielmo Marconi zugeschriebene Erfindung des Radios als Verdienst Nicola Teslas anerkannt.

Im Zuge der Entwicklung leistungsstarker elektrischer Verstärkersysteme wurden die Voraussetzungen für die Hörfunkübertragung zu Beginn des 20. Jahrhunderts weiter optimiert. Am Weihnachtsabend 1906 gelang dem Kanadier Reginald Aubrey Fessenden erstmalig die drahtlose Übertragung von Sprache und Musik, die als erste Radiosendung in die Geschichte einging. Im Laufe der folgenden Jahre modifizierte man weitere, im Rahmen der Entwicklung der drahtlosen Telegrafie und des Fernsehens gewonnenen Erkenntnisse und machte sie für den Hörfunk nutzbar. Besondere Bedeutung kam in diesem Zusammenhang der Entwicklung und dem Einsatz des Röhrensenders und des Rückkopplungsempfängers zu (siehe Seite 92 ff.).

Erste regelmäßige Versuchsprogramme kamen ab 1913 in Belgien und ab 1915 in den USA zur Ausstrahlung. Die erste bekannte regelmäßige Hörfunksendung wurde von einem niederländischen Fabrikanten produziert und zwischen 1919 und 1924 übertragen. 1920 nahm in Pittsburgh, USA, die erste kommerzielle Radiostation den Betrieb auf. Frank Conrad, ein Angestellter der Telegrafenfirma Westinghouse, startete zu Beginn des Jahres die erste Musikversuchssendung, die Ende 1920 mit einer Live-Übertragung des Ausgangs der amerikanischen Präsidentschaftswahl in ein tägliches Abendprogramm mündete. Als unabhän-

Detektorgerät mit Kopfhörern
In der Frühzeit des Hörfunks war der Empfang von Sendungen nur über Kopfhörer möglich.

Der Funkerspuk
Am 9. November 1918 besetzten ehemalige Soldaten der Funkertruppe das Wolffsche Telegraphische Bureau in Berlin, die Zentrale des deutschen Pressenachrichtenwesens, und verbreiteten die falsche Nachricht vom Sieg der radikalen Kräfte in Deutschland.

giger Radiosender wurde dann im Oktober 1922 die BBC in London gegründet.

In Deutschland, wo während des Ersten Weltkrieges Hans Bredow und Alexander Meißner erste musikalische Versuchssendungen und Lesungen durchführten, wurde das gesamte Rundfunkwesen ab 1919, infolge des so genannten Funkerspuks, streng reglementiert. Im darauf folgenden Jahr, 1920, fand die erste Rundfunkübertragung eines Instrumentalkonzerts durch den posteigenen Langwellensender in Königs Wusterhausen statt und ab 1922 bot der Wirtschaftsrundspruchdienst ein regelmäßiges und gebührenpflichtiges Hörfunkprogramm an. 1923 kam es dann in Berlin zur Gründung des Verbandes der Rundfunkindustrie. Für die Programminhalte zeichneten zu dieser Zeit, neben dem Vox-Konzern, zwei vom Reichsinnenministerium beauftragte Rundfunkgesellschaften verantwortlich. Ab Oktober 1923 übernahm der »Drahtlose Dienst. Aktiengesellschaft für Buch und Presse« (DRADAG) die Produktion und Verbreitung von Nachrichtensendungen und Sendungen mit politischen Inhalten. Für Bildung und Unterhaltung zeichnete »Deutsche Stunden. Gesellschaft für drahtlose Belehrung und Unterhaltung« verantwortlich. 1924 wurden weitere regionale Rundfunkanstalten gegründet, darunter die Sender in Frankfurt am Main, München, Hamburg und Stuttgart sowie die Deutsche Welle als Gemeinschaftseinrichtung aller Regionalgesellschaften. Im Kontext dieser Entwicklung etablierte sich der Hörfunk innerhalb kürzester Zeit als erstes elektronisches Massenmedium. Zu Beginn des Jahres 1924 lag die Anzahl der Hörfunkteilnehmer in Deutschland bei etwa 1.500, ein Jahr später waren bereits mehr als eine halbe Million Teilnehmer registriert.

Der Empfang der Hörfunksendungen erfolgte zunächst über Detektorgeräte mit Kopfhörern, ab 1922 auch über Röhrenempfänger mit Lautsprechern. Um 1926 verdrängten die Röhrengeräte die Detektorapparate vom Markt, gleichzeitig setzte bei den Hörfunkempfängern, bedingt durch die der Industrie vom

Reichsinnenministerium auferlegten Einschränkungen eine Standardisierung ein. So durften in den 20er Jahren nur Empfangsgeräte hergestellt werden, die nicht mehr als den Wellenbereich von 250 bis 700 m aufnehmen konnten und selbst keine Funkwellen erzeugten. Darüber hinaus war die Produktion von Empfangsgeräten nur amtlich geprüften und anerkannten Firmen gestattet, wie der AEG oder der Loewe AG, die 1923 in Kronach gegründet wurde. Hier produzierte man ab 1926 mit dem Loewe OE 333 den ersten Kompaktempfänger mit einer Röhre, in die eine Dreistufenverstärkerschaltung integriert war.

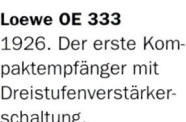

Loewe OE 333
1926. Der erste Kompaktempfänger mit Dreistufenverstärkerschaltung.

Die bis Ende der 20er Jahre noch mit einem Trichter ausgestatteten Empfangsgeräte wurden in den 30er Jahren zunehmend durch Netzgeräte, zum Teil mit integrierten Lautsprechern, ersetzt. Außerdem kamen die ersten Kombigeräte aus Radio und Plattenspieler auf den Markt. Die neuen Apparate verfügten unter anderem schon über einen Kurzwellenempfangsbereich, Bandbreitenregelung, Drucktasten, einen Sendersuchlauf oder neue Abstimmungsanzeigen, darunter das so genannte magische Auge. Neben den optimierten stationären Empfangsgeräten kam in den 30er Jahren das Autoradio auf den deutschen Markt, eingeführt von der Firma Blaupunkt.

**Volksempfänger
VE 301 W**
1933

Nach der Machtergreifung durch die Nationalsozialisten wurde der Rundfunk verstaatlicht und in ein parteipolitisches Propagandainstrument umgewandelt. Die Verbreitung der Sendeinhalte gewährleistete die staatlich geförderte Massenproduktion eines Empfangsgerätes, das 1933 auf der Berliner Funkausstellung unter der Bezeichnung Volksempfänger VE 301 präsentiert wurde. Der Volksempfänger, auf Anweisung Joseph Goebbels' von Otto

Griessing für die Firma Seibt entwickelt, kam in zwei Versionen auf den Markt, mit Batteriebetrieb und mit Wechselstromversorgung. Das Gerät, das nur Mittelwelle (MW) und Langwelle (LW) empfangen konnte und damit ausländische Hörfunkanbieter, die vorwiegend auf Kurzwelle (KW) sendeten, vom Empfang ausschloss, wurde im ersten Produktionsjahr zirka eine Million Mal verkauft. Nach dem Erfolg des VE 301 kam ab 1938 zusätzlich eine technisch vereinfachte Variante in den Handel, der Deutsche Kleinempfänger DKE 1938. Der von Telefunken und Seibt ab 1933 gemeinsam entwickelte Deutsche Arbeitsfront Empfänger DAF 1011, für den gemeinschaftlichen Empfang von Hörfunksendungen in den Betrieben konzipiert, war bereits 1935 eingeführt worden. Im folgenden Jahr erschien anlässlich der Olympischen Spiele in Berlin der Deutsche Olympiakoffer DO 36 als batteriebetriebenes Koffergerät auf dem Markt.

Ab Mitte des Jahres 1940 sendete der Reichsrundfunk, nun unter der Bezeichnung Großdeutscher Rundfunk, ein nationalsozialistisch geprägtes Einheitsprogramm. Das Hören ausländischer Sender war bereits bei Ausbruch des Zweiten Weltkrieges unter Strafandrohung verboten worden. Die Hörfunkempfangsdichte lag zum damaligen Zeitpunkt im Deutschen Reich bei zirka 60 Prozent, Tendenz steigend. Bei Kriegsende gab es in Deutschland bereits mehr als 15 Millionen registrierte Hörfunkteilnehmer und über 500 Sendeanlagen.

Im Mai 1945 verkündete der Sender in Flensburg die bedingungslose Kapitulation. Nach Kriegsende nutzen die Alliierten das Massenmedium Hörfunk zur Kontrolle der wirtschaftlichen und politischen Lage im Land sowie zur Demokratisierung der deutschen Bevölkerung. In der amerikanischen Besatzungszone wurden mehrere, in der französischen und britischen jeweils ein zentraler Sender errichtet. Zwischen 1948 und 1949 entstanden im Rahmen der Landesrundfunkgesetze mehrere regionale Sendeanstalten, darunter der Bayerische Rundfunk, der Hessische Rundfunk,

Radio Bremen und der Süddeutsche Rundfunk, die sich 1950 zur ARD zusammenschlossen (siehe Seite 125 f.). In der Sowjetischen Besatzungszone übernahm der Rundfunk der DDR die Übertragung von Hörfunksendungen.

Mitte der 50er Jahre, mit der Entwicklung der Halbleitertechnik, kamen die ersten Transistorradios auf den Markt und lösten die Röhrenempfänger allmählich ab. Das erste Modell, der Regency TR-1, wurde von Texas Instruments vorgestellt und kam im Dezember des Jahres 1954 in den Handel. Ende der 60er Jahre wurden Transistorradios auch in Kombination mit einem Magnetbandkassettensystem angeboten. Die kostengünstigen Geräte mit niedrigem Energieverbrauch etablierten sich schnell. Mobile Ausführungen wie das tragbare Transistorradio oder Kofferradio avancierten, ähnlich wie später der Walkman beziehungsweise das Walkman-Radio oder der iPod (siehe Seite 164), bis in die 70er Jahre zum ständigen Begleiter und zum unverzichtbaren Statussymbol vieler Jugendlicher. Im Zusammenhang mit der neuen Technik konnte sich auch das Autoradio endgültig auf dem deutschen Markt durchsetzen.

Im Kontext der Einführung des Transistorradios fanden 1959 auch die ersten Stereo-Versuchssendungen statt, die auf dem Bundesgebiet durch den Sender Freies Berlin über Ultrakurzwelle (UKW) verbreitet wurden. Mit der Durchsetzung des frequenzmodulierten UKW-Hörfunks in den 60er Jahren verbesserte

Transita
Tragbares Transistorradio von Nordmende, um 1960

sich der Empfang bis hin zur HiFi-Qualität (High Fidelity), dem neuen Standard für Audiogeräte. Mitte der 80er Jahre vergrößerte sich das Angebot an Hörfunksendungen in der Bundesrepublik Deutschland, nachdem private Radiostationen den Betrieb aufnehmen konnten. Nach der Wiedervereinigung wurde der Sendebetrieb im Osten Deutschlands, wo der Rundfunk der DDR eine Mono-

polstellung innegehabt hatte, eingestellt. Aus der Fusionierung des Deutschlandsenders mit Deutschlandfunk und RIAS ging 1994 das heutige Deutschlandradio hervor, als unabhängige nationale Rundfunkanstalt.

Der digitale Rundfunk, der den nächsten Entwicklungsschritt in der Geschichte des Mediums Hörfunk einleitet, wurde im Rahmen eines EU-Projektes ab 1986 entwickelt. Erste Feldversuche fanden ab 1990 in Süddeutschland statt. 2006 können, nach Angaben der Initiative Marketing Digital Radio (IMDR), in Abhängigkeit vom Standort bis zu sechzehn Programme empfangen werden. Der Übertragungsstandard für den digitalen Hörfunk ist Digital Audio Broadcasting (DAB) für den terrestrischen Empfang, der jedoch die Verbreitung über Kabel und Satellit einschließt. Über ASTRA Digital Radio (ADR) können derzeit insgesamt etwa 100 in- und ausländische Hörfunk-Programme sowie Datendienste empfangen werden, hinzu kommen die Fernsehsender, die ebenfalls ein breites Angebotsspektrum bereit stellen.

Während in den Bereichen Telekommunikations- und Informationstechnik die Digitalisierung zu Beginn des 21. Jahrhunderts schon weit fortgeschritten ist, steht eine umfassende Digitalisierung der Hörfunk- und Fernsehangebote noch aus. Der Empfang von Digital Radio setzt neue technische Standards bei den Endgeräten voraus. Da deren Anschaffung mit Kosten verbunden ist, halten sich die Konsumenten derzeit noch zurück. Zudem ist die flächendeckende Erschließung für den DAB-Standard noch nicht abgeschlossen.

Der Empfang von Digital Radio ist nicht nur mit stationären Radiogeräten und Autoradios möglich, sondern auch mit dem PC via Internet, beispielsweise mittels einer PCI-Steckkarte oder mit Unterstützung eines DAB-Empfängers. Im Mobilfunkbereich lassen sich Servicedienste, die via Digital Radio übertragen werden, mittels einer speziellen Software auf Bluetooth-Handys darstellen. Für die »neuartigen Rund-

Musik aus dem PC
Die erste PC-
Einsteckkarte mit
komplettem Digital-
Audio-Braodcasting-
Empfangsteil wurde
1997 von der Erfurter
Firma Techno Trend
entwickelt.

funkempfangsgeräte«, worunter der Rundfunkgebüh-
renstaatsvertrag internetfähige Computer und Mobiltelefone subsumiert, sollen ab 2007, auch ohne Nutzung der Rundfunkprogramme, Gebühren erhoben
werden.

Der analoge Rundfunk, so die Forderung der Europäischen Kommission an die Mitgliedsstaaten der EU,
soll bis zum Jahre 2012 abgeschaltet werden. Deutschland hat sich verpflichtet, dieser Forderung bereits
2010 nachzukommen. Bis zu diesem Zeitpunkt soll
sich Digital Audio Broadcasting als Übertragungsstandard für audiovisuelle Inhalte am Markt durchgesetzt
haben.

Die neue Technik hat viele Vorteile. Neben der Optimierung der Empfangsqualität und der Erweiterung
der Funktionen zählen dazu vor allem die Möglichkeiten zur Steigerung von Aktualität und Interaktivität
des Mediums: über Displays werden Informationen
und Meldungen des Senders in Form von Lauftexten
übertragen, Pause-, Wiederholungs- und Aufnahme-
funktion ermöglichen die individuelle Datenspeicherung und Programmgestaltung. Zudem können über
eine steigende Anzahl von Mediendiensten jederzeit
aktuelle Bild- und Toninformationen zu den unterschiedlichsten Themen abgerufen und über ein Blue-
tooth-Interface auch auf andere Medien übertragen
werden.

Chronologie

um 5000 v. Chr. Erste Schriftzeichen der Sumerer

um 3800 v. Chr. Papyrus als Beschreibstoff in Ägypten

um 3500 v. Chr. Keilschrift, Bilderschrift der Sumerer z.b. auf Tontafeln

ab 3200 v. Chr. Hieroglyphen, Schriftzeichen der Ägypter z.b. auf Steintafeln

ab 3000 v. Chr. Münzähnliche Kupferstücke in China

um 2500 v. Chr. Keilschrift der Akkader

um 2500 v. Chr. Rotuli aus Papyrus und Pergament

um 650 v. Chr. Tontafelsammlung in Assyrien; Erste Goldmünzen der Lyder

ab 600 v. Chr. Anfänge der Staatspost in Persien

um 500 v. Chr. Organisierte Fackeltelegrafie in Persien

um 400 v. Chr. Fackeltelegrafie der Griechen

ab 400 v. Chr. Nachrichtenübermittlung durch Rufposten; Anfänge der Botenpost bei den Griechen

ab 300 v. Chr. Erste römische Kupfermünzen

288 v. Chr. Gründung der Bibliothek von Alexandria

um 150 v. Chr. Codierungssystem des Polybios zur optischen Signalübertragung

um 100 v. Chr. Anfänge der Papierherstellung in China

um 80 v. Chr. Maschine zur Berechnung der Planetenbahnen,»Computer von Antikythera«

um 50 v. Chr. Entwicklung der Staatspost im Römischen Reich

ab 50 v. Chr. Verwendung des Abakus durch die Römer

47 v. Chr. Brand der Bibliothek von Alexandria

um 40 v. Chr. Erste öffentliche Bibliothek Roms

um 5 Einrichtung des *cursus publicus*

ab 150 Runen, Schriftzeichen der Germanen

um 610 Weltchronik des Johannes von Antiochien

um 725 Lateinische Weltchronik des Beda Venerabilis

um 750 Bibliothek des Bonifatius

um 750 Papierherstellung im arabischen Raum

ab 750 Silberwährung im fränkischen Reich

ab 800 Münzordnung Karls des Großen

um 980 Erste Versuche mit einer Lochkamera im arabischen Raum

um 1040 Beginn des Hochdrucks mit beweglichen Lettern in China

um 1100 Beginn der Papierproduktion in Europa

um 1150 Erste hölzerne Druckstöcke in Europa

ab 1280 Einsatz der Camera obscura in Europa

ab 1300 Herstellung von Brillen in venezianischen Glashütten; Einführung der Stiftwalze in Europa

1356 Goldene Bulle Karls IV.

ab 1380 Holzschnitt in Deutschland

um 1390 Erste Papiermühle in Nürnberg

ab 1400 Einblattholzschnitt, Vorform der Einblattdrucke; Berufsstand der Buchbinder

ab 1430 Kupferstich in Deutschland

um 1450 Entstehung der Blockbücher

um 1448 Beginn des Buchdrucks mit beweglichen Lettern durch Johannes Gutenberg

um 1450 Einblattdrucke in Deutschland; Papier verdrängt Pergament als Beschreibstoff

ab 1450 Flugblätter, Vorläufer der Zeitungen; Europäisches Papiergeld

ab 1482 Zensur in Deutschland; Anschläge, Vorläufer der Plakate

ab 1500 Zentral organisierte Postverbindung in Europa, Reichspost der Thurn und Taxis

ab 1502 Zeitung in Deutschland

ab 1516 Entstehung eines internationalen Postnetzes

ab 1519 Taler, Goldgulden und Golddukaten

1559 Erster päpstlicher Index

1568 Camera obscura mit Linse von Daniele Barbaro

1585 Festlegung von Münzwerten

ab 1589 Musikschränke in Deutschland

ab 1600 Einsatz von Kupferstichen bei der Buchillustration

ab 1605 Deutschsprachige Wochenzeitungen, erste Werbeanzeigen

ab 1620 Erste Zeitungen in Frankreich und England

1623 Erste mechanische Rechenmaschine

ab 1650 Deutschsprachige Tageszeitungen

um 1673 Erste Vier-Spezies-Rechenmaschine

um 1700 Duales Zahlensystem

ab 1709 Deutschsprachige Zeitschrift

ab 1710 Zustellung der Postsendungen durch Briefträger

1727 Trennung von Intelligenz- und Zeitungswesen

Chronologie

um 1750 Verschärfung der Verbots- und Zensurpraxis

ab 1750 Lesegesellschaften in Deutschland; Gründung von Münzprägeanstalten

um 1755 Modell eines elektrostatischen Telegrafen

1783 Frühe »Sprechmaschine«

1790 Beginn der Telegrafie

1794 Einsatz von Lochkarten

1797 Einführung der Lithografie

1807 Camera lucida

1808 Erste Schreibmaschine

1809 Elektrochemischer Telegraf

1814 Fotografie mit der Camera obscura

1822 Schreibmaschine mit Typenhebeln

1827 Vorläufer des Kinematografen

1828 Fon-Autograf, macht Schallwellen sichtbar

1832 Heftmaschine; Präsentation der Difference Engine, einer mechanischen Rechenmaschine

1833 Elektromagnetischer Telegraf

ab 1833 Erstes illustriertes Massenblatt »Pfennig-Magazin«

1834 Elektrischer Mehrfachnadeltelegaf

1839 Einführung der Daguerreotypie

1839 Balgenkamera

1840 Einführung der Kalotypie; Briefmarken in England; Elektronischer Telegraf

1843 Computerprogramm

1844 Einführung des Morsecodes; Erste Telegrafenleitung

1845 Papier auf Holzschliffbasis; Rotationsmaschine

1849 Briefmarken in Deutschland

1850 Erste tastaturgesteuerte Rechenmaschine; Falzmaschine

1851 Verlegung des ersten Seekabels; Werner von Siemens experimentiert mit der Rohrpost

1854 Einführung der Rohrpost in England und Frankreich

1855 Theorie der Dreifarbenfotografie; Phon-Autograph zur Tonaufnahme; Einführung der Litfaßsäule

1856 Fadenheftmaschine

1858 Transatlantischer Telegrammverkehr via Kabel

1861 Vorläufer des Telefons; Erste Farbfotografie aus drei Teilfarbauszügen

1863 Erste Rotationspresse für den Buchdruck

1864 Lithografische Schreibsetzmaschine

ab 1870 Industrielle Fertigung von Rechenmaschinen

1871 Gründung der kaiserlichen Reichspost

1872 Einführung der Postkarte; Drahtheftmaschine

1876 Zinnfolien-Phonograph; Tonaufzeichnungs- und Wiedergabegerät; Erste Sprachübertragung via Telefon

ab 1877 Reihenaufnahmen von beweglichen Motiven

1880 Erstes gerastertes Halbtonfoto

1881 Universalgießmaschine; Einführung der Autotypie

1883 Elektrisches Teleskop

1886 Zeilengießmaschine Linotype mit Gieß- und Setzfunktion

1887 Einführung des Rollfilms aus Zelluloid; Erstes

Patent auf die Schallplatte; Entdeckung der elektromagnetischen Wellen

1888 Erste Rollfilmkamera: Kodak Nr. 1

1889 Grammophon; Lochkartensystem zur Datenverarbeitung; Hebdrehwähler zur Selbstvermittlung von Telefongesprächen

1890 Erster Comic-Strip

1891 Kinematograf und Kinetoskop patentiert; Vorschlag zur Farbfotografie mittels Interferenzmethode

1892 Erster Dreifarben-Autotypiedruck

ab 1895 Handkolorierte Filme

1895 Funkempfänger mit Antenne

1896 Erste drahtlose Signalübertragung; Telefon mit Wählscheibe

1897 Einführung der Schellack-Platte; Setzmaschine Monotype; Entwicklung der Braunschen Röhre

1898 Erfindung des elektrischen Lautsprechers

1899 Drahtlose Signalübertragung über den Ärmelkanal

1900 Einführung des Münzfernsprechers

1902 Erstes Farbfernsehpatent

1904 Entwicklung des Offsetdrucks; Glühkathode; Erste telegrafische Bildübermittlung in Deutschland

1905 Erstes stationäres Filmtheater in Deutschland

1906 Erste Hörfunksendung; Kinemacolor-Verfahren

1910 Erster ständiger transatlantischer Funktelegrafendienst

1912 Einführung des Luftpostverkehrs in Deutschland

1913 Erste drahtlose Musikübertragung; Einsatz der Rückkopplung zur Erzeugung von Schwingungen

1914 Erste fotografische Setzmaschine in Deutschland

1917 Einführung des Technicolor-Verfahrens

1919 Erste Fernsehbildübertragung

1920 Erste innereuropäische Luftpostlinie; Einäugige Spiegelreflexkamera; Regelmäßige Hörfunksendungen in den USA

1923 Erstes deutsches Radioprogramm

1924 Patent für die Tonübertragung durch Mikrofon und Verstärker

1925 Leica-Kleinbildkamera mit auswechselbarem Objektiv; Erster elektrischer Plattenspieler; Demonstration des Prinzips Bildschreiber

1926 Demonstration des Prinzips Farbfernsehen

1928 Nadelton-Schallplatte läuft synchron zum Film; Erste transatlantische Fernsehübertragung; Erste Fernsehübertragung in Farbe

1929 Zweiäugige Spiegelreflexkamera

1933 Kleinbildfilm für Farbdias

ab 1934 Fernseh-Versuchsprogramme in Deutschland

1935 Farbdiafilme mit chromatischer Entwicklung

1936 Erste Kleinbild-Spiegelreflexkamera

1937 Erster Digitalrechner; Patent für Trockenkopierverfahren

1938 Entdeckung der Silbersalzdiffusion für das Sofortbildverfahren und das Kopierverfahren; Erster frei programmierbarer mechanischer Rechner

1942 Erster elektronischer Digitalcomputer in den USA

1947 Tonbandgeräte für den Heimanwenderbereich

1948 Vinylschallplatte; Einführung der Polaroid-Kamera und des Polaroid-Films

1950 Beginn des UKW-Hörfunks

1954 Transistorradio

1955 Erster vollständig Transistoren basierter Computer; Erster Scanner, elektronische Bildabtastung

1956 Telefaxgeräte; Magnetplatten von IBM; Erste Aufzeichnung einer Fernsehsendung in Bild und Ton

1960 Erstes farbiges Sofortbild; Rechner auf Transistor-Basis mit Magnetbandsystem; Minicomputer

1963 Einführung des Cassetten-Recorders

1964 Erste Computerarchitektur von IBM

1969 ARPANET, Basis des Internets

1971 Mikroprozessor von Intel

1973 Erste vollelektronische Kamera

1974 Erster programmierbarer Taschenrechner

1975 Digitale Still Video Camera

1976 Apple I von Apple

1979 Rechnermodelle 400 und 800 der Firma Atari; Walkman von Sony

1980 Einführung des Telebriefverkehrs in der BRD

1981 IBM-PC, erster Personal-Computer von IBM

1982 Sun-1 Workstation von Sun Microsystems

1983 Erstes Mobiltelefon von Motorola

1984 Apple Macintosh von Apple

1985 Amiga-Heimcomputer von Commodore International

1988 NeXT, Computer der Firma NeXT

1990 Entwicklung des World Wide Web

ab 1990 Einführung des digitalen Rundfunks in Deutschland

1992 TCP/IP

1994 Prototyp eines DNA-Computers

1997 Musik im Netz abrufbar *(music on demand)*

1999 Supercomputer ASCI Red von Intel

2001 Supercomputer ASCI White von IBM; Einführung des iPods von Apple

2003 PowerMac G5 von Apple

Glossar

Abstimmungsanzeiger
Der Abstimmanzeiger ist eine Hilfseinrichtung bei Rundfunkgeräten, die dazu dient, die optimale Abstimmung auf den gewünschten Sender nicht nur anhand der akustischen Darbietung, sondern auch mit üblicherweise optischen Mitteln wie dem → Magischen Auge zu ermöglichen.

Akkumulator
Ein Akkumulator – kurz Akku – ist ein chemischer Speicher für elektrische Energie (Gleichstrom), also eine wiederaufladbare Batterie.

Analoger »switch-off«
Die Abschaltung sämtlicher analoger Rundfunkfrequenzen.

Anwendungssoftware
Ein Computerprogramm, das speziell für einen bestimmten Anwendungsbereich entwickelt wurde (z. B. für die Textverarbeitung, die Bildbearbeitung oder die Tabellenkalkulation).

Arbeitsspeicher
Ein »flüchtiger« Speicher; im Gegensatz zu »nichtflüchtigen« Speichern wie einer → Festplatte wird der Arbeitsspeicher beim Ausschalten des Computers gelöscht.

Bandbreitenregelung
Als Bandbreite bezeichnet man grundsätzlich die Differenz zwischen der niedrigsten und der höchsten Frequenz, die auf einem Übertragungskanal möglich ist. Die Bandbreitenregelung an Rundfunkempfängern verbessert die Klangqualität. Stellt man die Bandbreite auf schmal, arbeitet der Empfänger mit optimaler Trennschärfe, lässt aber nur ein schmales Frequenzband durch. Bei starken Sendern, z. B. Ortssendern, wird durch die breite Einstellung eine optimale Klangwiedergabe erreicht.

Blog
Kurzform des Kunstworts Weblog (von engl. *web* und *log*, »Logbuch«). Website, die meist in der Art eines Tagebuchs regelmäßig aktualisiert wird. Neue Einträge stehen an oberster Stelle, ältere folgen in umgekehrt chronologischer Reihenfolge.

Bluetooth
Industriestandard zur drahtlosen Datenübertragung zwischen elektronischen Geräten. Bluetooth sendet auf einer Frequenz von 2,4 Gigahertz innerhalb einer Reichweite von ca. 10 Metern mit einer Übertragungsrate von bis zu 1 MBit/s.

Browser
Computerprogramme, die dem Betrachten von Textdateien dienen. Ursprünglich bezeichnete der Begriff »browsen« (engl. *to browse*, »schmökern«, »durchstöbern«) lediglich den Einsatz von Navigationselementen – vor, zurück, Index – zum Lesen von Texten. Mit dem Aufkommen von → Hypertext wurden → Webbrowser entwickelt.

Chatroom
Eine Website, über die mehrere Internetnutzer interaktiv miteinander kommunizieren, indem sie Textinformationen über eine Tastatur eingeben. Die Beiträge erscheinen für alle Nutzer sichtbar im Chatroom.

CMYK-Farbmodell
CMYK steht für Cyan, Magenta, Yellow und Key (Schwarz, das den Kontrast in dunklen Stellen erhöht). Es ist ein subtraktives Farbmodell, das die technische Grundlage für den modernen Vierfarbdruck bildet.

DAB
Digital Audio Broadcasting ist ein digitaler Übertragungsstandard für terrestrischen Empfang von Hörfunkprogrammen. DAB ist für den Frequenzbereich von 30 Megahertz bis 3 Gigahertz geeignet und schließt somit auch eine Verbreitung über Kabel und Satellit ein.

Diskette
Ein wechselbares Speichermedium. Sie besteht aus einer Kunststoffplatte, die mit einem magnetisierbaren Material beschichtet ist, und einer Schutzhülle. Mittels eines Schreib-/Lesekopfs im Diskettenlaufwerk werden Informationen auf der Diskette gespeichert bzw. ausgelesen.

DNA-Computer
Computer, die auf der Verwendung der Erbsubstanz Desoxyribonukleinsäure (DNS – engl. *desoxyribonucleic acid*, DNA) als Speicher- und Verarbeitungsmedium basieren.

Festplatte

Ein magnetisches Massen-speichermedium mit Spei-cherplatte und Schreib-/Lese-kopf, das in der Regel fest im PC installiert ist. Es gibt allerdings auch externe Fest-platten, die an den PC ange-schlossen werden.

Fotogramm

Eine Fotografie, die ohne Ka-mera zustande kommt durch direkte Belichtung von licht-empfindlichen Materialien wie Film oder Fotopapier.

Fritter

Der Fritter (auch Kohärer) war der erste brauchbare Indika-tor für elektromagnetische Wellen. Er bestand aus einem elektrisch isolierenden Glas-Rohr, das mit Metallpul-ver gefüllt war, und zwei Elek-troden. Treten in der Nähe dieser Anordnung elektro-magnetische Wellen auf, ver-binden sich die Metallspäne miteinander und das System wird leitend. Auch nach dem Auftreten der elektromagneti-schen Wellen bleiben die Me-tallspäne verbunden, deshalb wird der nicht-leitende Zu-stand durch Beklopfen des Glasröhrchens nach jedem Zeichen wiederhergestellt.

Gentex

Abkürzung für General Tele-graphique Exchange, dem zwischenstaatlichen »allge-meinen« Telegrafennetz der europäischen Telekommuni-kationsgesellschaften ab 1956 zur Übermittlung von Telegrammen.

Gigaflop

Die Rechengeschwindigkeit von wissenschaftlich genutz-ten Computersystemen wird in FLOPS (engl. *floating-point operations per second*, Fließ-komma-Operationen pro Sekunde) gemessen. »Giga« steht für die Maßeinheit Milliarde.

Granolithografie

Die Granolithografie ist eine rasterfreie Drucktechnik, bei der ein lichtdurchlässiges Trägermaterial mit einem fei-nen Puder versehen und auf Film umkopiert wird. Dieser feinstkörnige, natürliche Ras-ter wird zwischen Halbton-negativ und zu belichtende Schicht gebracht. Gegenüber dem normalen Lichtdruck ist die Granolithografie für hoch-wertige Faksimiledrucke we-sentlich besser geeignet.

GSM

Abkürzung für Global System for Mobile Communications. GSM ist der heute weltweit vorherrschende Standard für den digitalen Mobilfunk. Die Datenübertragungsrate be-trägt 9,6 Kbit/s.

Halbleiter

Materialien, die je nach Tem-peratur leitfähig sind oder nicht.

Hertz

Die internationale Einheit für Frequenzen (Hz). Sie gibt die Anzahl der Schwingungen pro Sekunde an. Ein Kilohertz (kHz) entspricht tausend Schwingungen pro Sekunde; ein Megahertz (MHz) einer Million; ein Gigahertz (GHz) einer Milliarde und ein Tera-hertz (THz) einer Billion Schwingungen pro Sekunde.

HKS-Farbfächer

Umfasst 120 Volltonfarben mit insgesamt 3250 Farb-tönen für Kunstdruck- und Naturpapiere. Er dient der Reproduktion und Kommuni-kation bestimmter Farbnuan-cen in der grafischen Indus-trie.

HTML

Die → Hypertext Markup Lan-guage (HTML) strukturiert mit Hilfe von Auszeichnungen den Aufbau eines Hypertext-Dokumentes.

HTTP

Das Hypertext Transfer Pro-tocol (HTTP) ist das standar-disierte Transportprotokoll für die Übermittlung von → HTML-Dokumenten im Inter-net.

Hypertext

Hypertext ist eine nicht-line-are Organisation von Objek-ten, deren netzartige Struktur durch logische Verbindungen (so genannte Hyperlinks) her-gestellt wird.

Infrarot

Elektromagnetische Strah-lung unterhalb der Empfind-lichkeitsgrenze des mensch-lichen Auges (850 bis 900 nm); wird ähnlich wie → Blue-tooth verwendet, um Daten zwischen elektronischen Geräten auszutauschen. Die Übertragung erfolgt über kurze Strecken (bis 1 Meter), eine Sichtverbindung der kommunizierenden Geräte ist erforderlich.

Integrierte Schaltung

Die integrierte Schaltung (engl. *integrated circuit*, IC)

ist eine elektronische Schaltung, die auf einem Chip integriert ist.

Kohärer
→ Fritter

Kurbelinduktor
Handbetriebener Generator. Beim Drehen der Kurbel erzeugte man eine Wechselspannung von 30 – 60 Volt bei einer Frequenz von 15 – 25 Hertz. Diese Spannung löste an der Gegenstelle (Vermittlung oder Telefon) ein optisches Signal aus (z. B. Fallen einer Klappe an einem Klappenschrank).

Kurzwelle (KW)
Radiowellen in einem höheren Frequenzbereich als → Langwellen und → Mittelwellen werden als Kurzwelle bezeichnet. Der Frequenzbereich der Kurzwelle liegt zwischen 3 und 30 Megahertz. Dies entspricht einer Wellenlänge zwischen 100 und 10 Metern.

Langwelle (LW)
Als Langwelle werden elektromagnetische Wellen mit Wellenlängen zwischen 1.000 und 10.000 Metern bezeichnet, dies entspricht einem Frequenz-Bereich zwischen 30 und 300 Kilohertz.

Laser
Abkürzung für *light amplification by stimulated emission of radiation;* Verstärker oder Oszillator für elektromagnetische Wellen.

Laserdrucker
Der Laserdrucker erstellt – ähnlich wie der Fotokopierer – zunächst ein elektrostatisches Bild auf einer magnetisierten Walze. Die Walze überträgt anschließend ionisierte Farbpartikel auf das Papier. Durch Erwärmen wird der Toner auf dem Papier fixiert.

Laufwerk
Gerät, das auf ein wechselbares oder festes Speichermedium mit digitalen Daten zugreift (Lesen und/oder Schreiben).

Magisches Auge
Spezielle Elektronenröhre früher Radiogeräte. Es signalisiert über eine Leuchtanzeige, wie genau das Empfangsgerät auf einen Sender eingestellt ist.

Mittelwelle (MW)
Die Mittelwelle ist ein Frequenzband. Sie dient zur Kommunikation durch das Übertragen elektromagnetischer Wellen. Die Mittelwelle schließt den Frequenz-Bereich von 300 bis 3000 Kilohertz ein. Dies entspricht einer Wellenlänge von 1000 bis 100 Metern.

MP3-Format
Kompressionsformat für Audio-Dateien (eigentlich MPEG-1 Audio Layer 3). Ohne an hörbarer Qualität zu verlieren, kann die Dateigröße einer Audio-Datei durch die Komprimierung in MP3 um 90 % reduziert werden. Standard für Audio-Dateien im Internet.

Optischer Laser
Der optische Laser wird für die Reproduktion von Abbildungen im Offsetdruck verwendet. Die Druckplatte wird mit dem Laser in winzigen Punkten belichtet und entwickelt.

Pantone-Farbfächer
Der Pantone-Farbfächer ordnet Gebrauchsfarben eine einheitliche Bezeichnung und eine einheitliche Farbmischungsbeschreibung in den verschiedenen Farbräumen (RGB, → CMYK, HSV, etc.) zu.

PCI
Peripheral Component Interconnect (PCI) ist ein Standard zur Verbindung von Peripheriegeräten mit dem Chipsatz eines → Prozessors.

Platine
Eine Platine, auch Leiterplatte, ist eine mit Kupfer beschichtete Kunststoffplatte, auf die elektronische Bauteile und Chips gesteckt oder gelötet werden.

Protokoll (TCP/IP)
Das Transmission Control Protocol/Internet Protocol (TCP/IP) ermöglicht die Kommunikation zwischen verschiedenen Rechnern über das Internet. Das Transmission Control Protocol ist für den Auf- und Abbau der Netzwerkverbindung zwischen den beteiligten Stationen verantwortlich. Das Internet Protocol komprimiert die Informationen, die gesendet werden sollen, in ein IP-Datenpaket und wählt den optimalen Weg, um das Paket an seinen Zielort zu schicken.

Prozessor
Der Prozessor eines Compu-

ters, auch als Central Processing Unit (CPU) bezeichnet, steuert alle anderen Bestandteile. Die Taktfrequenz, mit der der Prozessor Informationen intern verarbeitet, wird in Megahertz (MHz) und Gigahertz (GHz) angegeben.

Push-to-talk
Push-to-talk (engl., »drücken um zu sprechen«) ist ein Mobilfunkdienst, der es ermöglicht, zeitlich begrenzte Sprachnachrichten an einzelne Nutzer oder Gruppen zu versenden. Es muss zunächst eine Taste gedrückt werden, um eine Nachricht zu übertragen. Es kann immer nur eine Person sprechen, während die anderen zuhören. Für den Push-to-talk-Dienst werden spezielle Handys benötigt, die diese Funktion unterstützen. Zur Übertragung wird das GPRS-Datennetz genutzt.

Quantencomputer
Computer, der die Gesetze der Quantenmechanik ausnutzt, um Rechnungen effizienter durchzuführen als konventionelle Rechner. Anstelle von Bits benutzt der Quantencomputer Quantenbits, die nicht nur die Werte (Zustände) 0 und 1 annehmen, sondern auch so genannte Superpositionen (die Überlagerung von zwei oder mehreren Zuständen eines Objekts).

Relais
Elektromagnetische oder elektromechanische Schalter. Sie werden zum Ein-, Aus- oder Umschalten von Stromkreisen verwendet.

Rückkanal
Bestandteil von Kommunikationsverbindungen zwischen Endbenutzer und Dienstanbieter.

Schellack
Eine harzige Substanz, die aus Gummilack gewonnen wird. Schellack wurde bis in die 1960er Jahre genutzt, um Schallplatten herzustellen. Die Schellackplatten hatten in der Regel Durchmesser von 10 oder 12 Zoll, dazu überwiegend in → Seitenschrift geschriebene Rillen, die mit einem gewöhnlichen Grammophon mit dicker Stahlnadel oder mit einem elektrischen Plattenspieler mit Spezialnadel abgetastet wurden.

Seitenschrift
Die Seitenschrift wurde 1877 von Emil Berliner eingeführt, um Schallplatten zu »beschreiben«. Die Information ist in der horizontalen Auslenkung der Rille eingeprägt. Der Vorteil gegenüber der → Tiefenschrift ist ein größerer Dynamikbereich und die einfachere Herstellung von Kopien. Die Seitenschrift wird noch heute für Monoaufzeichnungen verwendet.

Sendersuchlauf
Das automatische Durchsuchen der Frequenzbereiche nach aktiven Signalen.

SIM-Karte
SIM ist die Abkürzung von Subscriber Identity Module. Die SIM-Karte ist eine Chipkarte, die in ein Mobiltelefon eingesetzt wird, um den Nutzer im Mobilfunknetz zu

identifizieren. Die SIM-Karte ist durch ein Passwort, der so genannten PIN, vor unbefugtem Benutzen geschützt. Auf der SIM-Karte sind netzbezogene Daten und ein Telefonbuch sowie Short Messages gespeichert.

Suchmaschinen
Suchmaschinen sind Programme zur Recherche von Dokumenten im Computer beziehungsweise in einem Computernetzwerk, beispielsweise dem World Wide Web. Nach Eingabe von einem oder mehreren Suchbegriffen liefern Suchmaschinen Listen von Verweisen und Dokumenten, meist versehen mit Titel, Kurztext, Adresse und Angaben zur Relevanz in Prozentzahlen.

Telex
Telex ist die Abkürzung für Teleprinter Exchange. Das Telekommunikationsnetz Telex dient der Übermittlung von Textnachrichten. Im Gegensatz zum → Gentex ist das Telex ein Fernschreibnetz für öffentliche Teilnehmer.

Thermischer Laser
Der thermische Laser wird beim Bebilderungsverfahren von Offsetdruckplatten angewandt. Der thermische Laser belichtet das Druckbild auf die Beschichtung und ändert damit punktweise das lithografische Verhalten der Oberfläche.

Tiefenschrift
Bei der von Thomas Alva Edison verwendeten Tiefenschrift wird die Information in Abhängigkeit von der Ein-

tauchtiefe des Schneidstichels in die Schallplatte eingeprägt. Die Tiefe ist direkt proportional zur Amplitude des aufgezeichneten Signals. Somit ist die maximale aufzuzeichnende Amplitude gering.

Tintenstrahldrucker
Tintenstrahldrucker arbeiten mit einem Tintenstrahl (engl. *ink jet*), der durch eine Düse am Druckkopf gezielt auf das zu bedruckende Material gesprüht wird.

Transistor
Elektronisches Halbleiter-Bauelement, das zum Schalten und Verstärken von elektrischem Strom verwendet wird.

UKW
Als Ultrakurzwelle (UKW) bezeichnet man elektromagnetische Wellen, deren Frequenzbereich zwischen 30 und 300 Megahertz liegt. Dies entspricht einer Wellenlänge zwischen 10 und 1 Meter.

UMTS
Abkürzung für Universal Mobile Telecommunications System. UMTS ist der internationale Mobilfunk-Standard der dritten Generation, der mobile Multimedia- und Telematikdienste unter dem Frequenzspektrum von 2 Gigahertz vereinigt.

URL
Abkürzung für Uniform Ressource Locator. Die URL bezeichnet eindeutig eine Ressource im Internet. Sie besteht aus der Angabe des Netzwerkprotokolls (z. B. → http oder ftp), dem Servernamen und der genauen Pfadangabe des Dokuments.

Vinyl
Umgangssprachlich für Polyvinylchlorid (PVC), ein amorpher thermoplastischer Kunststoff, der unter anderem zur Schallplattenherstellung verwendet wurde. Im Gegensatz zu Schallplatten aus dem Naturprodukt → Schellack sind Vinylplatten in der Herstellung kostengünstiger und verfügen über eine deutlich höhere Tonqualität und Spieldauer.

Voice-Mailbox
Eine Voice-Mailbox ist ein Anrufbeantworter für einen Festnetz- oder Mobilfunkanschluss, der sich physikalisch bei der Telefongesellschaft befindet. Die Voice-Mailbox kann über ein – meist gebührenpflichtiges – Telefonat abgerufen werden.

VoIP
Abkürzung für Voice-over-IP; bezeichnet das Telefonieren über ein Computernetzwerk, wobei Sprachsignal in Datenpakete umgesetzt und über das Internet Protokoll (IP) gesendet werden.

Wagnerscher Hammer
Vorrichtung zur periodischen Unterbrechung eines Stromkreislaufs; benannt nach seinem Erfinder Johann Philipp Wagner

Walkie Talkie
Drahtlos arbeitendes Kommunikationsgerät, das mit elektrischer Energie betrieben wird. Im Gegensatz zu Mobiltelefonen werden die Informationen direkt von Gerät zu Gerät ausgetauscht und benötigen keine Infrastruktur (Mobilfunknetz). Ein Nutzer kann entweder nur senden oder nur empfangen.

WAP
Abkürzung für Wireless Application Protocol. WAP ist ein Standard für die drahtlose Übertragung von Informationen. Über dieses Format werden auch speziell aufbereitete Internetinhalte auf Mobiltelefone übertragen.

Webbrowser
Software, die Informationen von Servern im Internet abruft und grafisch darstellt. Dabei interpretiert der Webbrowser den empfangenen → HTML-Code und setzt Formatierungsanweisungen um.

Wiki
Eine im World Wide Web verfügbare Sammlung von Webseiten, die von jedem Betrachter online geändert werden können, und die sofort in veränderter Form für jeden abrufbar sind.

WLAN
Abkürzung für Wireless Local Area Network, ein drahtloses lokales Funknetzwerk.

Workstation
Ein besonder leistungsfähiger Arbeitsplatzrechner.

Zeilendrucker
Drucker, die zeilenweise drucken. Typische Zeilendrucker sind Nadel- und → Tintenstrahldrucker.

Literatur

Abele, Günter F.: Radio Nostalgie. Vom Detektor zum Transistor, Wien 1993.

Abramson, Albert: Die Geschichte des Fernsehens, Hg. v. Herwig Walitsch, München 2002.

Aschoff, Volker: Geschichte der Nachrichtentechnik, 2 Bde. Berlin u. a. 1987/1989

Baier, Wolfgang: Geschichte der Fotografie. Quellendarstellungen zur Geschichte der Fotografie, München 1977.

Beck, Arnold Hugh: Worte und Wellen. Geschichte der Nachrichtenübermittlung, München 1967.

Behrens, Tobias: Die Entstehung der Massenmedien in Deutschland, Frankfurt am Main 1986.

Beyrer, Klaus/Dallmeier, Martin (Hg.): Als die Post noch Zeitung machte. Eine Pressegeschichte, Frankfurt am Main 1994.

Bolz, Norbert: Theorie der neuen Medien, München 1990.

Bolz, Norbert/Kittler, Friedrich A./Tholen, Georg Christoph: Computer als Medium, München 1994.

Brand, Peter/Schulze, Volker (Hg.): Medienkundliches Handbuch, Braunschweig 1987.

Brand, Peter/Schulze, Volker (Hg.): Die Zeitung. Ein Handbuch, Frankfurt am Main 1993.

Brauchitsch, Boris von: Kleine Geschichte der Fotografie, Stuttgart 2002.

Brauers, Jan: Von der Äolsharfe zum Digitalspeicher. 2000 Jahre mechanische Musik. 100 Jahre Schallplatte, München 1984.

Brepohl, Klaus: Lexikon der neuen Medien, 6. Aufl., Köln 1993.

Brooks, John: Telephone. The First Hundred Years, New York u. a. 1976.

Dussel, Konrad: Rundfunkgeschichte. Eine Einführung, Konstanz 1999.

Elm, Theo/Hiebel, Hans H. (Hg.): Medien und Maschinen. Literatur im technischen Zeitalter, Freiburg im Breisgau 1991.

Elste, Martin: Kleines Tonträger-Lexikon. Von der Walze zur Compact Disk, Kassel u. a. 1989.

Enderwitz, Ulrich: Die Medien und ihre Information, Freiburg 1990.

Faßler, Manfred/Halbach, Wulf R. (Hg.): Geschichte der Medien, München 1998.

Faulstich, Werner/Rückert, Corinna: Mediengeschichte im tabellarischen Überblick. Von den Anfängen bis heute, Lüneburg 1993.

Faulstich, Werner/Korte, Helmut (Hg.): Fischer Filmgeschichte, Bd. 1: Von den Anfängen bis zum etablierten Medium 1895–1942, Frankfurt am Main 1994.

Faulstich, Werner: Das Medium als Kult: Von den Anfängen bis zur Spätantike (8. Jahrhundert), Göttingen 1997.

Faulstich, Werner (Hg.): Grundwissen Medien, 5. Aufl., München 2004.

Ganz, Thomas: Die Welt im Kasten. Von der Camera obscura zur Audiovision, Zürich 1994.

Gerhardt, Claus W.: Geschichte der Druckverfahren, Bd. 2: Der Buchdruck, Stuttgart 1975.

Gernsheim, Helmut: Geschichte der Photographie. Die ersten hundert Jahre, Frankfurt am Main u. a. 1983.

Glaser, Hermann/Werner, Thomas: Die Post in ihrer Zeit. Eine Kulturgeschichte der menschlichen Kommunikation, Heidelberg 1990.

Gööck, Roland: Die großen Erfindungen. Schrift, Druck, Musik, Künzelsau 1984.

Gööck, Roland: Die großen Erfindungen. Nachrichtentechnik, Elektronik, Künzelsau 1988.

Gööck, Roland: Die großen Erfindungen. Radio, Fernsehen, Computer, Künzelsau 1989.

Große, Günter: Von der Edisonwalze zur Stereoplatte, Berlin (DDR) 1989 (1981).

Haucke, Lutz: Zeittafel – Mediengeschichte, Kinematographie, Telegraphie, Schallplatte, Hörfunk, Fernsehen und die Entwicklung der Filmkunst, Berlin 1990 (1988).

Hermann, Siegfried/Kahle, Wolf/Kniestedt, Joachim: Der deutsche Rundfunk. Faszination einer technischen Entwicklung, Heidelberg 1994.

Hiebel, Hans H./Hiebler, Heinz/Kogler, Karl/Walitsch, Herwig: Die Medien. Logik, Leistung, Geschichte, München 1998.

Hiebel, Hans H./Hiebler Heinz/Kogler, Karl: Große Medienchronik, München 1999.

Literatur

Hinnen, Gijs: Von Marconi bis Satellit. Über 1700 Daten aus der internationalen Entwicklung von Radio und TV, Basel 1987.

Hörisch, Jochen: Eine Geschichte der Medien. Von der Oblate zum Internet, Frankfurt am Main 2004.

Jüttemann, Herbert: Phonographen und Grammophone, Braunschweig 1979.

Kittler, Friedrich A.: Grammophon, Film, Typewriter, Berlin 1986.

Klemm, Friedrich: Geschichte der Technik. Der Mensch und seine Erfindungen im Bereich des Abendlandes. Reinbek bei Hamburg 1983.

Koschatzky, Walter: Die Kunst der Photographie. Technik, Geschichte, Meisterwerke, Herrsching 1989.

Kümmel, Albert/Scholz, Leander/Schumacher, Eckhard (Hg.): Einführung in die Geschichte der Medien, Paderborn 2004.

Limburg, Hans (Hg.): Ars impressoria. Entstehung und Entwicklung des Buchdrucks, München u. a. 1986.

Luhmann, Niklas: Grammophon, Film, Typewriter, Berlin 1986.

Newhall, Beaumont: Geschichte der Photographie, München 1998 (New York 1982).

North, Gottfried: Die Post. Ihre Geschichte in Wort und Bild, Heidelberg 1988.

Oberliesen, Rolf: Information, Daten und Signale. Geschichte technischer Informationsverarbeitung, Reinbek bei Hamburg 1982.

Ratzke, Dietrich: Handbuch der Neuen Medien. Information und Kommunikation, Fernsehen und Hörfunk, Presse und Audiovision heute und morgen, Stuttgart 1984.

Reuter, Michael: Telekommunikation. Aus der Geschichte in die Zukunft, Heidelberg 1990.

Schanze, Helmut (Hg.): Handbuch der Mediengeschichte, Stuttgart 2001.

Schottenloher, Karl: Flugblatt und Zeitung. Ein Wegweiser durch das gedruckte Tagesschrifttum, Bd. 1: Von den Anfängen bis zum Jahre 1848, München 1985 (Berlin 1922).

Schottenloher, Karl: Flugblatt und Zeitung. Ein Wegweiser durch das gedruckte Tagesschrifttum, Bd. 2: Von 1848 bis zur Gegenwart, München 1985.

Tillmann, Urs: Geschichte der Photographie, Frauenfeld 1981.

Toeplitz, Jerzy: Geschichte des Films, Bd. 1: 1895 – 1928, Berlin 1992.

Warnke, Martin/Coy, Wolfgang/Tholen, Georg Christoph: HyperKult. Geschichte, Theorie und Kontext digitaler Medien, Basel u. a. 1997.

Warnke, Martin/Coy, Wolfgang/Tholen, Georg Christoph: HyperKult II. Zur Ortsbestimmung analoger und digitaler Medien, Basel u. a. 2005.

Wilke, Jürgen (Hg.): Mediengeschichte der Bundesrepublik Deutschland, Bonn 1999.

Wittmann, Richard: Geschichte des deutschen Buchhandels, München 1991.

Wolf, Hans-Jürgen: Geschichte der graphischen Verfahren. Papier – Satz – Druck – Farbe – Photographie – Soziales. Ein Beitrag zur Geschichte der Technik, Dornstadt 1990.

Wolf, Hans-Jürgen: Geschichte der Druckverfahren. Historische Grundlagen, Portraits, Technologie, Elchingen 1992.

Personenregister

Sachregister

Sachregister

Sachregister

Bildnachweis

Agfa Foto-Historama, Museum Ludwig, Köln 104 o.
Ägyptisches Museum, Kairo 11
Akg-images 23 (Erich Lessing)
Alcatel-Lucent/Bell Labs. 131
Antik-Radio.de 164
Antiquetypewriters.com 85
Apple Computer, Inc. 133, 166
Apple-Forever 70
ARD 125
Aus: Bibliothek des allgemeinen und praktischen Wissens, Band 2, Berlin, Leipzig, Wien, Stuttgart 1904 34
Aus: Denise Schmandt-Besserat, Tonmarken und Bilderschrift, in: Das Altertum, Band 31, 1985, S. 76–82 13 o.
Aus: DuMont's Handbuch der grafischen Techniken, Köln 1983 60, 62
Aus: Edward Samuel, The Illustrated Story of Copyright 142
Aus: Michel Lorblanchet, Le grottes ornées de la préhistoire, nouveaux regards 8
Aus: Schnellkurs Bibel, Köln 2005 18
Aus: Werner Ekschmitt, Das Gedächtnis der Völker, Frankfurt/M., Wien, Zürich 1968 21
Beck's Schreib- und Büromaschinenmuseum, Pfäffikon, Schweiz 84 u.
Bildarchiv Preußischer Kulturbesitz, Berlin 74 o.
Büchergilde Gutenberg 75
Canon Inc. 105 u., 114
Computermuseum.li 137
Darmstadt, Universitäts- und Landesbibliothek 35
Deutsche Post AG 91
Deutsches Historisches Museum, Berlin 113, 121
Deutsches Rundfunkarchiv, Frankfurt/M. 169
Dommuseum Paderborn 30
Galleria Nazionale di Capodimonte, Neapel 20
George Eastman House, Rochester, NY 103 o., 103 u., 110
Gutenbergmuseum, Mainz 42
Halliday, Sonia, Weston Turville Bucks 16
Hans-Günter Semsek, Köln 9 o.
Hasselblad 105 o.
Heidelberger Druckmaschinen AG 66
Houston Museum of Natural Science 10
Koninklijke Philips Electronics N.V. 124
Kurmis, Oliver 86
Landesarchiv Baden-Württemberg 83
Lawrence Livermore National Laboratory 144
Leo Baeck Intsitute, New York 58
Limmatverlag, Zürich 80
Macprime.ch 141 o.
Magyarok a világ tudományos-müszaki haladásáért (CD-ROM) Budapest, 1999 118 u.
Microsoft Corporation 140
Münzenshop Jochen Pater 52 u.
Museumstiftung Post und Telekommunikation, Bonn 150, 156
National Archives, Kew 13 u.
National Media Museum, Bradford 96
Niedersächsische Staats- und Universitätsbibliothek Göttingen 44
Nixdorf Museum, Paderborn 138
Oberösterreichisches Landesmuseum, Linz 162
Pic Sound sprl 128 o.
Picture-alliance/dpa 175
Pieke, Gabriele, Wien 12
Princeton University Libraries 28
Reclam Verlag 74 u.
Reid Goldsborough 27
Salzburger Museum Carolino Augusteum 99
Sammlung Kurt Tauber 130
Samsung 157
Science Museum, London 135
Smithsonian Institution, Washington 111
Stadtbibliothek/Stadtarchiv Trier 29 (Anja Runkel)
Stadtmuseum Neustadt 127
Telenorma, Frankfurt/M. 154
The North Carolina School of Science and Mathematics, Laura Hayes and John Howard Wileman Exhibit of Optical Toys 108
TIPO 17
TVhistory TV library 125
Ullstein Bild 117, 119, 120 (Will), 122
Universität Innsbruck 94
Universitätsbibliothek Heidelberg 31
University of North Carolina, Chapel Hill 15 o.
University of Oregon, Eugene 15
Walliser Reb- und Weinmuseum 32 u.
Wikipedia 173 (Torinberl)
ZDF 126